Gertrud und Eberhard Löbell

Eine kulinarische
Entdeckungsreise

durch die Pfalz

Photographie
Achim Käflein · Sascha Loss

UMSCHAU : BRAUS

Obermoschel
112 Alsenz
Kirchheim-
bolanden
Lauterecken
Rockenhausen
Dannenfels
Rathsweiler
Glan
114
116
100
Wolfstein
63
94 98
Erdesbach
Eisenberg
Großniedesheim
96
Münchweiler
Ramsen
Grünstadt
146
Herchweiler
Kusel
6
92
118
Bobenheim
126
Freinsheim
Frankenthal
62
110
120
Enkenbach-
Alsenborn
122
128
130
Maxdorf
61
148
MANNHEIM
Herschweiler
Otterbach
Otterberg
Bad
132
-Miesenbach
Dürkheim
LUDWIGS-
90
KAISERSLAUTERN
Frankenstein
138
HAFEN
Ramstein
Hütschen-
134 136
Gönnheim
108
Wachenheim
hausen
140 142
150
6
Landstuhl
106
Deidesheim
Mutterstadt
Schifferstadt
Bruchmühlbach-
Frankeneck
Neustadt
152
Westricher
Frankeneck
28
a. d. W.
P F A L Z
Hochfläche
30
Herschberg
Dudenhofen
154
86
32
Waldfischbach-
Maikammer
36
Kirrweiler
Zweibrücken
Burgalben
40 34
Speyer
38
42 44
48
46
Altdorf
Rodalben
50
Edenkoben
8
Zweibrücker
Dernbach
62
Burrweiler
52
Germersheim
Hügelland
20
54
Landau
Hornbach
82
Annweiler
Bellheim
84
80 78
Pirmasens
66
64
Albersweiler
22 20
Bottenbach
Hauenstein
68
Knittels-
Vinningen
Dahn
Schwanheim
heim
18
Lemberg
70
Klingen-
Herxheim
Neupotz
Trulben
Erfweiler
münster
65
Wasgau
56
Steinweiler
16
Fischbach
Bad
14 12
Ludwigs-
72
Bergzabern
Kandel
winkel
Wörth
RHEIN

Die Zahlen in der Karte sind identisch mit den Seitenzahlen der einzelnen Betriebe in diesem Buch und bezeichnen ihre genaue Lage in der Pfalz.

INHALT

Die Pfalz hat ganz schön Karriere gemacht. Vor zehn Jahren noch galt sie selbst bei Menschen, die sich für gutes Essen und Trinken interessieren, vor allem als das Land der Saumägen, der Leberknödel und der Schoppenweine. Pfalz und Pfälzer waren bekannt und beliebt für ihre Deftigkeit. Feinschmecker und Freunde der noblen Genüsse schielten derweil zu den Nachbarn in Baden und im Elsass.

Heute ist das ganz anders. Die kulinarische Entdeckungsreise durch den sonnigen Südwesten zwischen Rhein und Saar eröffnet dem Genussmenschen überraschende Perspektiven: Hier wird ja richtig gut gekocht. Alte Meister am Herd und eine ganze Generation von ehrgeizigen jungen Köchen sorgen für feine Regionalküche. Eine Prise Süden, ein Spritzer meditarrane Leichtigkeit und ein gutes Gläschen Wein sind stets dabei. Den passenden Tropfen zu finden, das fällt in Deutschlands größtem zusammenhängendem Weinbaugebiet nicht schwer – zumal die junge Winzergeneration Weine bereitet, die gutes Essen ideal ergänzen. Die Allianz von Küche und Keller ist perfekt.

Auch die Natur trägt ihren Teil dazu bei, dass die kulinarische Entdeckungsreise so viele genussvolle Stationen hat. Vieles kommt hier direkt aus dem Pfälzer Land frisch auf den Tisch: Zartes Gemüse in unzähligen Varianten aus der fruchtbaren Rheinebene; reifes Obst aus den weitläufigen Plantagen zwischen den Gemüsefeldern und den Weinbergen; Fleisch von Tieren, die in der Westpfalz weiden und artgerecht gehalten werden; aromatischer Ziegenkäse, frisches Wild und frische Forellen; feinster Kaffee aus einer der letzten Privatröstereien in Deutschland und edle Brände, die Geist und Körper laben. Das sind nur ein paar Beispiele für die Pfalz als Markt der Genüsse.

Die Region mit den vielen Sonnenstunden ist noch dazu ein beliebtes Urlaubsland mit reizvoller Landschaft und mit einem vielseitigen Anbgebot von Herbergen, die eine kulinarische Entdeckungsreise zum Erlebnis für alle Sinne werden lassen.

Holger Mühlberger

VOM ZAUBER DER PFALZ

Die Pfalz, im Südosten des Bundeslandes Rheinland-Pfalz gelegen, ist gut doppelt so groß wie das Saarland. Sie grenzt im Osten am Rhein an Baden-Württemberg, im Süden an die französischen Regionen Elsass und Lothringen und im Westen an das Saarland. Im Nordwesten endet die Pfalz zwischen Nahe und Glan im Vorland des Hunsrücks und dann wird es schwierig, den Übergang zu Rheinhessen genau zu definieren. Man nehme einfach zur Kenntnis, dass die Pfalz und Rheinhessen zwei völlig verschiedene Weinbaugebiete sind und dass die Bevölkerung auch Wert auf die Unterschiede legt.
Die Weinstraße mit ihren malerischen Winzerorten entlang des Haardtrandes kennt fast jeder und sicher ist auch der dahinterliegende Pfälzerwald als herrliches Wandergebiet weit bekannt. Mit über

140.000 Hektar Waldfläche ist er das größte zusammenhängende Waldgebiet Deutschlands und inzwischen von der UNESCO als Biosphärenreservat anerkannt. Der im Süden in die Vogesen übergehende Wasgau ist berühmt für seine zahlreichen bizarren Felsformationen, welche manchmal kaum

von den alten Burgen auf den Bergkämmen zu unterscheiden sind. Im Südwesten rund um Pirmasens war bis nach dem Zweiten Weltkrieg der Schwerpunkt der deutschen Schuhindustrie, im Nordpfälzer Bergland blühte einst der Bergbau.
Sagen und Mythen reichen zurück bis in die Zeit der Kelten und Römer; auf dem die Nordostpfalz beherrschenden Donnersberg wird die keltische Vergangenheit lebendig. Fabelwesen wie die berühmten Elwetritsche sind in der Pfalz auch heute noch zu Hause. Die Pfalz war deutsches Kernland schon im frühen Mittelalter; der Trifels bei Annweiler stand für die kaiserliche Macht, auf der Burg wurden die Reichskleinodien verwahrt. Das Hambacher Schloss bei Neustadt gilt als Wiege der deutschen Demokratie.
Der Pfälzische Erbfolgekrieg (1688-1697), in dem Frankreichs Sonnenkönig Ludwig XIV. das Erbe seiner Schwägerin Liselotte einforderte, legte Städte und Dörfer, Schlösser und Burgen in Schutt und Asche und verwüstete das Land. Unter Napoleon wird die linksrheinische Pfalz französisches Staatsgebiet, nach dessen Sturz 1815 kommt sie zu Bayern und erhält 1938 den Namen „Pfalz".
Dieser reich bebilderte Band will weder Reise- noch Restaurantführer sein. Die Autoren kennen die Pfalz von vielen

Frühling im Wasgau – Dahner Burgen. Oben: Elwetritsche-Denkmal in Dahn.

Fahrten und Ausflügen und sind immer wieder fasziniert von diesem Landstrich, seinen Menschen und der Lebenslust, die hier auch im Alltag anzutreffen ist. Das Buch widmet sich der kulinarischen Vielfalt der gesamten Pfalz. Die Pfälzer Küche hat inzwischen Erstaunliches zu bieten:

Feines und Deftiges, Vertrautes und Überraschendes – die Vielfalt ist beachtlich. Pfälzische Grundnahrungsmittel sind echte Delikatessen, auch darüber will dieses Buch informieren.

Berichtet wird aus der Sicht des Reisenden mit einem Faible fürs Kulinarische. Die Betriebe werden nicht vergleichend bewertet; es werden Köche, Winzer, und Bauern vorgestellt und regionaltypische Produkte beschrieben. Große bekannte Häuser, weniger bekannte Lokale, die in Kennerkreisen als Geheimtipp weitergegeben werden, aber auch urige Kneipen und einfache Weinstuben, die alle ihr Bestes geben, um den Gast glücklich zu machen, stellen ihre Rezepte vor.

Dieses Buch erhebt keinerlei Anspruch auf Vollständigkeit, bei 60 Betrieben aus der gesamten Pfalz musste eine gewisse Auswahl getroffen werden. Die Autoren bitten also um Nachsicht, wenn mancher interessante Betrieb keine Erwähnung findet. Allerdings waren auch nicht alle Angesprochenen an einer Mitarbeit interessiert – daraus resultieren auch einige Lücken in der kulinarischen Landkarte.

Es soll Neugierde geweckt werden, die Pfalz kulinarisch zu entdecken und zu erleben. Dies gilt für den Einkauf beim Erzeuger und genau so für die Einkehr in landschaftlich reizvoller Umgebung, in stilvollem Ambiente, um die Köstlichkeiten aus Landwirtschaft und Weinbau, aus Küche und Keller zu genießen.

Burrweiler an der Weinstraße

VORDERPFALZ UND BIENWALD

"Landschaft zwischen Rhein und Reben" nennt sich die sonnenverwöhnte Vorderpfalz. Sie gilt als Obst- und Gemüsegarten Deutschlands, wo über 80 Gemüsesorten gedeihen. Die Straßen führen durch ebenes fruchtbares Land; Tabak-,

Kartoffel- und Gemüsefelder – hie und da unterbrochen von schnurgerade ausgerichteten Obstplantagen – gehen in Richtung Haardt allmählich in Rebanlagen über. Überquellende Balkonkästen und bunte Bauerngärten verwandeln die Dörfer mit ihren schmucken Fachwerkhäusern im

Sommer in ein einziges Blumenmeer. Hölzerne luftige Tabakschuppen verleihen dem Landstrich ein unverwechselbares Gesicht; im milden Klima und dem sandigen Grund der Rheinebene findet nicht nur der Spargel sondern auch die Tabakpflanze ideale Bedingungen. Als Heilkraut pflanzte Pfarrer Anselm Anselmann Tabak erstmals 1573 in seinem Garten in Hatzenbühl. Fast ein Drittel der deutschen Tabakernte kommt heute noch aus der Pfalz.

Fast urwaldartig geben sich die Rheinauewälder; Maler und Dichter ließen sich von der urwüchsigen Natur in ihren Bann ziehen. Noch heute genießt das trutzig auf einer Anhöhe thronende Jockgrim mit seinen Befestigungsanlagen aus dem 14. Jahrhundert einen Ruf als Künstlerort. Von Wörth aus, heute mit dem größten LKW-Werk Europas und Deutschlands größter Raffinerie die „neureiche" Gemeinde am Altrhein, nahm der deutsche Impressionismus seinen Anfang.

In Rheinzabern, in „Tabernae Rhenanae", betrieben die Römer zur Zeitenwende die größte Keramikmanufaktur für Tafelgeschirr jenseits der Alpen. Das Terra-Sigillata-Museum im einstigen Schulhaus birgt viele Kostbarkeiten aus jener Zeit.

Auch Germersheim kann sich seiner römischen Vergangenheit rühmen. Zur Festung wurde die Stadt am Rhein im 19. Jahrhundert ausgebaut. Erhalten von der einst so mächtigen Anlage blieb die „Fronte Beckers", das Ludwigs- und das Weißenburger Tor. Der Graben des Verteidigungswerks von einst wurde in einen Skulpturenpark verwandelt. Das Deutsche Straßenmuseum im spätklassizistischen Zeughaus, einmalig in Deutschland, stellt in umfassender Weise die Geschichte des Straßenbaus dar. Vom Altertum an werden alle Facetten dessen dargeboten, was „Straße" ausmacht, mit anschaulichen exemplarischen Exponaten. Kandel nennt sich stolz Bienwaldstadt. Zum Schönsten, was der Ort zu bieten hat, gehören die vielen Fachwerkhäuser an seiner über vier Kilometer – exakt eine bayerische Poststunde – langen Hauptstraße und in der

Turmstraße. Zum Wahrzeichen Kandels und des Landes am Bienwald wurde der 57 Meter hohe spätgotische Wehrturm der St. Georgs-Kirche. Wer Kandel und den Bienwald in seiner ganzen Größe überblicken möchte, sollte auf den Georgsturm steigen – Goethe hat es auch getan.

Im Bienwald siedelten schon die Kelten und ihnen verdankt das größte zusammenhängende Waldgebiet in der pfälzischen Rheinebene auch seinen Namen. Im Bienwald-Museum in Kandel ist ein in Deutschland einmaliger keltischer Bronzehelm vom Typ „Berru" zu sehen, so genannt nach dem ersten Fundort eines solchen Helms in Südfrankreich. Nach den Kelten kamen die Römer. Die Römerstraße Basel – Mainz, um 50 vor Christus erbaut, führte durch den Bienwald und ist noch über große Strecken erkennbar.

Über Jahrhunderte war der Wald fast undurchdringlich und für Menschen nahezu unzugänglich und galt als abweisende und sogar gefährliche Wildnis. Oft hatte Armut und Hunger die Anwohner des Bienwaldes zum Schmuggeln und Wildern gezwungen. „Den Wildschützen des Bienwaldes ist nicht gut zu begegnen. Da fand man schon manchen Grenzjäger erschossen im Waldgrund, manchen Forstgehilfen an den Baumästen, manchen Gendarmen zerhackt oder mit dem Kopf in einen Ameisenhaufen gehängt" … schrieb der Pfälzer Heimatdichter August Becker Mitte des 19. Jahrhunderts.

Heute ist der Bienwald als Naherholungsgebiet durch zahlreiche Rad- und Wanderwege erschlossen und entfaltet dem Pflanzen- und Tierfreund seinen ganz eigenen Reiz zu jeder Jahreszeit.

Links: St. Georgs-Kirche in Kandel.
Oben: Treppenaufgang zur Kirche in Rheinzabern.
Unten: Herbstmorgen im Bienwald.

SPARGEL- UND OBSTHOF ZAPF

Spargel- und Obsthof Zapf

Am Holderbühl 1
76870 Kandel
Familie Zapf
Telefon   0 72 75 / 91 32-15
Telefax   0 72 75 / 91 32-17
E-Mail   Zapf-Gerhard@t-online.de
www.marktplatz-kandel.de/zapf

Seit Generationen betreibt Familie Zapf im Bienwald-Städtchen Kandel Landwirtschaft. 1972 begannen August und Frieda Zapf auszusiedeln und erbauten den großen Hof. Ein landwirtschaftlicher Mischbetrieb war es damals, mit Ackerbau und Viehzucht. Heute bewirtschaftet ihr Sohn, Landwirtschaftsmeister Gerhard Zapf, den Betrieb nach der Arbeitsweise des Integrierten Landbaus. Seine Ehefrau Trudel ist als gelernte Industriekauffrau zuständig für Buchführung und Verkauf, von den drei Kindern der Familie absolviert Sohn

Michael eine Gärtnerlehre mit Fachrichtung Obstbau. Gerhard und Trudel Zapf gaben die Milchviehhaltung auf und stellten auf Obstbau um. Mit einem Hektar begannen sie 1988, inzwischen sind es 8 Hektar geworden, auf 13 Hektar wollen sie die Obstanlagen ausweiten. Dazu kam 1990 der Spargelanbau, zunächst nur auf einem halben Hektar, um den Kunden auch außerhalb der Obstsaison attraktive Produkte bieten zu können.

„König Spargel" nimmt eine Sonderstellung unter den Gemüsen ein; der weiße Bleich-

spargel gilt als besonders wertvoll. Feinschmecker sind bereit, dafür tiefer ins Portemonnaie zu greifen und den aufwändigen Anbau und die mühsame Handarbeit beim Stechen der makellosen weißen Stangen zu honorieren. Die frisch gestochenen Spargel werden so schnell wie möglich zum Hof gebracht, dort gewaschen und nach Länge, Durchmesser und Aussehen sortiert. Gekühlt warten sie dann auf die Gourmets, die wissen, dass man bei Zapf den Spargel erntefrisch und knackig zu kaufen bekommt. Familie Zapf vermarktet das delikate Gemüse selbst, liefert an die Gastronomie und kann

die Nachfrage der Privatkunden nach dem hochwertigen Aromaspargel kaum decken. Spargelkenner und Schlemmer wissen, dass der frisch gestochene Spargel aus heimischem Anbau am besten schmeckt und warten sehnsüchtig auf die Saison. Mit dem Anbau unter Folie kann der Beginn der Ernte vorverlegt werden, der letzte Stichtag in Deutschland ist immer und überall der Johannistag, also der 24. Juni. Auf drei Hektar haben Zapfs die Anbaufläche des noblen Gemüses inzwischen vergrößert und auch hier ist eine Erweiterung vorgesehen. Nach der Spargelsaison kommt die Zeit des Tabaks. Von Juli bis September steht er zur arbeitsintensiven Ernte an. Die 15-18 Blätter einer Tabakpflanze reifen nacheinander von unten nach oben und werden in mehreren Durchgängen geerntet, meist von Hand in gebückter Haltung. Noch bepflanzt Familie Zapf 15 Hektar ihrer Felder mit Tabak, doch soll die Anbaufläche zu Gunsten der Spargel- und Obstanlagen etwa auf die Hälfte reduziert werden.

Im Reigen der Jahreszeiten steht dann die Obsternte an. Die unterschiedlichsten Apfel-

sorten, vom frühen Sommerapfel bis zu den lagerfähigen Herbst- und Winteräpfeln, werden angeboten. Den ganzen Winter über kann man bei Zapf seinen Bedarf decken, aus dem Kühlhaus kommen die Äpfel wie frisch vom Baum gepflückt. Ab dem zweiten Septemberwochenende lädt Familie Zapf zum Selbstpflücken der gesunden Vitaminspender. Ohne Leiter kann man sich die leckersten Früchte selbst aussuchen, wechselnde Kinder-Attraktionen machen das Pflücken zum Wochenend-Spaß für die ganze Familie. Wer sein Obst lieber flüssig mag, findet im Hofladen naturreinen Apfelsaft, prickelnden Apfelsekt, natürlich-sauren Apfelessig oder Hochprozentiges wie Apfelbrand und Williams.

Zur Adventszeit schließlich kann man sich auf dem Spargel- und Obsthof seinen Wunsch-Christbaum unter den frisch geschlagenen Blaufichten und Nordmannstannen aussuchen. Im geräumigen Hofladen kann man sich das ganze Jahr über mit all dem eindecken, was im Jahreslauf auf dem Hof im Sinne einer gesunden Ernährung wächst und gedeiht. Was Familie Zapf nicht selbst erzeugt, wird von Kollegen zugekauft, durchweg Pfälzer Agrarprodukte aus Integriertem Anbau.

Nach Tausenden zählen die Besucher, wenn auf dem Spargel- und Obsthof das Hoffest angesagt ist; turnusgemäß wechseln ein Spargelfest zum Ausklang der Saison und ein großes Apfelfest im Herbst.

HOTEL ZUR PFALZ

bald 150 Jahren begonnen, durch Umbauten und Modernisierungen wandelte sich das Haus zu einem gepflegten Hotel mit gemütlichen Räumen und sehr persönlicher Note. Seit 1981 stehen Petra und Werner Koch dem Familienbetrieb vor. Aus Tradition und langer Erfahrung wissen sie, was Gäste zufrieden macht.

Im Hotel zur Pfalz lässt sich's gut Ferien machen. Die schöne Landschaft ringsum, der sagenumwobene Bienwald, der zu jeder Jahreszeit seinen Reiz entfaltet, die nahe Weinstraße mit all ihren Attraktionen, die Schlösser und Burgruinen des Haardtrandes – alles lädt zum Schauen und Erkunden. Im Hause selbst garantiert die „Casa-Vita" mit Sauna, Sonnenwiese, Solarium, Whirlpools, Aroma-Duftbad und Fitnessgeräten ein ganz persönliches Verwöhn-Programm. Im Hotel zur Pfalz fühlen sich nicht nur Urlauber wohl. Auch Geschäftsreisende quartieren sich gern in den behaglichen und bequem mit dem Lift zu erreichenden Gästezimmern ein; für Tagungen stehen die passenden Räumlichkeiten mit aller erforderlichen Technik zur Verfügung. Auf Familien- und Vereinsfeiern ist man bestens vorbereitet. Freundlich und kompetent betreut Petra Koch die Gäste, sorgt durch ihre herzliche

𝕴mposant und einladend bietet das Hotel zur Pfalz im Bienwaldstädtchen Kandel seine langgestreckte Fassade zur Straße. Als Brauerei mit Gaststätte und Landwirtschaft hat es seine gastronomische Laufbahn vor

Hotel Restaurant zur Pfalz

Marktstraße 57
76870 Kandel
Familie Koch
Telefon   0 72 75 / 98 55-0
Telefax   0 72 75 / 98 55-496
E-Mail   info@hotelzurpfalz.de
www.hotelzurpfalz.de

Kein Ruhetag

Art für die behaglich-ungezwungene Atmosphäre und leitet fachkundig den Service. Dafür, dass auch das kulinarische Verwöhnen nicht zu kurz kommt, sorgt der Hausherr. Er heißt Koch und ist Koch, Küchenmeister und außerdem Küchenchef am eigenen Herd. Mit seinem Können leistet er einen wesentlichen Beitrag zum guten Ruf der Gastronomie in und um Kandel. Werner Koch beherrscht alle Nuancen von gut bürgerlich und dennoch fein bis zum anspruchsvollen Menü. Pfälzer Spezialitäten fehlen im Hotel zur Pfalz genau so wenig wie appetitanregende Gerichte für den kleinen Hunger, vegetarische Schmankerl oder die verlockenden Empfehlungen des Küchenchefs. Er achtet auf Frische und regionale Herkunft seiner Produkte, kauft Obst und Gemüse bei Bauern in der Umgebung, die er alle persönlich kennt. Bei

Koch bekommt der Genießer im Frühjahr die ersten frischen Stangenspargel, Wild bringen die Jäger, wenn es wirklich Saison hat.

Die Liebe zur französischen Küche brachte Werner Koch vom Mittelmeer nach Hause, sie spiegelt sich auf der Speisekarte wider und sicherlich hat er deshalb die glyzinienumrankte Gartenlaube „Le Jardin" genannt. Friedlich vereint lagern im wohlsortierten Weinkeller edle Tropfen aus Übersee neben Spitzenweinen aus der Region und aus Frankreich.

Die nächste Generation bereitet sich schon auf die Fortsetzung der Familientradition vor. Von den drei Söhnen absolviert Mario bereits eine Ausbildung zum Hotelfachmann und auch Michael will in die Fußstapfen des Vaters treten; Thomas wird in die Computerbranche gehen.

Spargel Nantua mit Hummersoße und Shrimps

Zutaten:

1 kg geschälter Stangenspargel
Salz, 1 Prise Zucker
etwas Zitronensaft
40 g Hummerbutter
1 Schalotte
2 Essl. Mehl
4 cl Weißwein
1/4 l Fischfond
1/4 l geschlagene Sahne
Cognac, Salz, Pfeffer
400 g Shrimps (oder Tiefseegarnelen)
40 g Butter
Salz, Pfeffer
1/2 Teel. frische Dillspitzen, gewiegt

Zubereitung:

Stangenspargel mit Salz, Zucker und Zitronensaft ca. 10-12 Minuten garen. Hummerbutter erhitzen, die kleingewürfelte Schalotte darin glasig dünsten. Mit Mehl anstäuben und mit Weißwein ablöschen. Das Ganze mit dem Fischfond auffüllen, mit Salz, Pfeffer und einem Schuss Cognac abschmecken. Einreduzieren und abpassieren. Die Sahne unterheben und bei Bedarf nochmals abschmecken.

Shrimps in heißer Butter anschwenken, Dillspitzen hinzufügen, abschmecken. Gegarten Spargel auf warmen Teller geben, mit Hummerschaumsoße überziehen und die Shrimps darübergeben. Mit frischem Dill und Zitrone garnieren. Dazu reicht man neue Kartoffeln oder Herzoginkartoffeln.

ROSENHOF

heran. Fast als Geheimtipp könnte man das Wein- und Sektgut Rosenhof von Familie Bohlender im Herzen der sonnigen und fruchtbaren Südpfalz bezeichnen. Mitten in der Feldmark von Steinweiler liegt es, nur einen Katzensprung von der Ausfahrt Kandel-Nord der A65 entfernt.

Geschickt wissen Bohlenders die Lage am Eingang zur Pfalz zu ihrem Vorteil zu nutzen: Ein Großteil ihrer Kundschaft kommt von „jenseits des Rheins" aus dem Großraum Karlsruhe. Etwa 80 Prozent der Produktion werden an Privatkunden verkauft, den Rest liefern Bohlenders persönlich an Fachhändler in ganz Deutschland und an die umliegende Gastronomie.

Die Geschichte des Weinguts ist schnell erzählt. Fritz und Lieselotte Bohlender erbauten den Rosenhof 1962 als Aussiedlerhof und betrieben Landwirtschaft mit Viehhaltung sowie Gemüse- und Weinbau. Sohn Lothar schloss 1982 seine Ausbildung als Landwirtschaftsmeister ab, 1983 kam das Diplom als Winzermeister dazu. Bereits 1980 erfolgte die Umstellung von Fasswein auf Flaschenabfüllung; die Rebfläche wuchs inzwischen auf 13 Hektar an und der Weinbau ist heute der Kernbereich des Betriebes.

„Viele Wege führen in die Pfalz und alle führen irgendwann zur Deutschen Weinstraße" liest man in einschlägigen Führern. Doch Weinkenner und -liebhaber haben längst entdeckt: auch abseits des Haardtrands reift mancher gute Tropfen

Wein- und Sektgut Rosenhof

76872 Steinweiler
Familie Bohlender
Telefon   0 63 49 / 81 25
Telefax   0 63 49 / 68 65
E-Mail weingut-
rosenhof.steinweiler@t-online.de

1987 wurde die Viehhaltung endgültig aufgegeben und der Stall zum Flaschenlager
umgebaut. Aus dem Getreidespeicher
entstand eine gemütliche Probierstube, dort
arrangieren Lothar und Sabine Bohlender
Weinproben und servieren dabei auf
Wunsch typische Pfälzer Spezialitäten.
Längst hat sich Ehefrau Sabine, eine
gelernte Bürokauffrau, in den Betrieb ein-
gearbeitet; in verschiedenen Seminaren
hat sie ihre Kenntnisse über den Weinbau
vervollkommnet und unterstützt Lothar
Bohlender tatkräftig.
Bohlenders haben den Rosenhof zu einem
zeitgemäßen und zukunftsorientierten Wein-
und Sektgut gemacht. Ihr Rebsortiment
passten sie den Markterfordernissen an,
erweiterten die Rotweinfläche und setzen
bei den gefragten „Roten" neben dem
bewährten Dornfelder und dem anspruchsvollen Spätburgunder auf Saint Laurent und
Regent. Bei den Weißweinen findet man
neben dem fruchtig-rassigen Riesling, dem
fülligen milden Silvaner und dem gefragten
Weißburgunder als besondere Spezialität

Gewürztraminer und Chardonnay.
Mit über 50 verschiedenen Weinen von
trocken bis lieblich in allen Qualitätsstufen,
vom Landwein bis zum Eiswein, werden
Bohlenders allen Wünschen gerecht. Die
Kunden wissen die faire Beratung und das
gute Preis-Leistungsverhältnis zu schätzen.
Das konsequente Qualitätsdenken der
jungen Winzerfamilie wird schon seit
Jahren belohnt durch Kammerpreismünzen
und DLG-Preise.
Vergessen wir nicht die „perlende Lebens-
freude", die aus besonders geeigneten
Grundweinen nach dem traditionellen
Flaschengärverfahren hergestellten Sekte.
Hochprozentiges aus eigenen „Stoffen" und
Traubensaft für die kleinen Kunden berei-
chern das Angebot des Rosenhofs.
Das Wein- und Sektgut kann sich noch
einer besonderen Auszeichnung rühmen:
Der Rosenhof gehört zu den ersten zehn
Betrieben in ganz Deutschland, denen das
begehrte Zertifikat „DLG-empfohlenes
Weingut" zugesprochen wurde. Strenge
Kriterien gilt es zu erfüllen, um als

Vorzeigebetrieb anerkannt zu werden. Geprüft wurde alles – vom
umweltschonenden Anbau, der
qualitätsorientierten
Mengenreduzierung bis zur scho-
nenden Verarbeitung im Keller –
nicht zu vergessen die fachliche
Qualifikation des Betriebsleiters.
Gelobt wurden außerdem das
anziehende Ambiente, der gute
Service und nicht zuletzt die hervorragenden Weine – ein
Gesamturteil, auf das Bohlenders
mit Recht stolz sein dürfen.
Zur Arbeit gehören auch Feste!
Schon zur Tradition und ein
Anziehungspunkt für Jung und Alt
ist Bohlenders Weinfest geworden.
Immer am vorletzten Wochenende
im Juli findet es statt, zu Speisen
und Musik werden die eigenen
Wein- und Sekterzeugnisse aus-
geschenkt.

LAMM

Dorfwirtschaft ein Treffpunkt für Lukullus-Jünger aus der gesamten Pfalz und aus dem nahen Badischen.

Hausherrin Ulrike Kreger kümmert sich charmant um die Gäste und leitet mit Erfahrung und Freundlichkeit den Service. Manfred Kreger sorgt als Küchenchef fürs leibliche Wohl der Gäste und verwöhnt sie mit all dem, was sie schätzen und gern wiederkommen lässt.

Als Beikoch für Kochseminare in der Bühler Kochschule „Culinarium" schaute er berühmten Sterneköchen wie Lafer, Winkler und dem elsässischen Meister Haeberlin über die Schulter und in die Töpfe, bevor er an den heimischen Herd zurückkehrte. Pfälzer ist er geblieben mit Leib und Seele; im Lamm setzt er nun seine gastronomischen Erfahrungen ein und unterstreicht sie mit eigenen Ideen. Die Speisekarte verheißt eine gehoben-bürgerliche schnörkellose Küche mit allem, was in der Umgebung wächst und gedeiht. Wenn Kreger zu seinen saisonalen Menüs einlädt, kann er sein Können richtig zeigen. Raffinierte Spezialitäten, gekonnt gewürzt und verfeinert mit Wiedemanns sauren Doktorenhof-Kompositionen, lassen das Herz jeden

$\mathfrak{M}$itten in Neupotz, wo es noch ländlich-ruhig zugeht, bietet das „Lamm" als Restaurant und Gästehaus ehrliche und von Herzen kommende Gastlichkeit. Seit 1919 ist das Haus in Familienbesitz, doch erst seit Manfred und Ulrike Kreger das Lamm übernahmen, wurde aus der gutbürgerlichen

Gasthof „Zum Lamm"

Hauptstraße 7
76777 Neupotz
Familie Manfred Kreger
Telefon   0 72 72 / 28 09
Telefax   0 72 72 / 7 72 30
Ruhetag: Dienstag, an Sonn- und
　　　　　Feiertagen abends

Genießers höher schlagen und locken Feinschmecker von weit her nach Neupotz ins Lamm.

Konditor wollte Kreger eigentlich werden und dass feine Dessert-Kreationen sein Hobby sind, belegt das Angebot im Lamm. Metzger hat er gelernt, Koch ist er dann geworden. Die Pfalz wäre ohne ihn ein Stück ärmer, er zählt inzwischen zu den Spitzenköchen seiner Region.

Noch immer nimmt Fisch auf Kregers Speisekarte eine Sonderstellung ein, auch wenn die meisten Schuppentiere nicht mehr wie einst aus dem nahen Rhein gefischt sondern von spezialisierten Unternehmen stets frisch geliefert werden. Meisterhaft zubereitet werden sie mit den unterschiedlichsten Zutaten zu kulinarischen Leckerbissen, die Augen und Gaumen entzücken.

Auf der Weinkarte findet selbst der anspruchsvollste Gast den richtigen Begleiter zum Speisenangebot und immer stimmt das Preis-Leistungsverhältnis. Trotz allem ist das Lamm kein steifes Nobelrestaurant sondern ein gemütlicher Landgasthof mit angenehmer Atmosphäre, mit ansprechender und geschmackvoller Dekoration. Auch hier haben Kregers einen gesunden Mittelweg gefunden zwischen Althergebrachtem und Neuem – die Gäste wissen es zu schätzen. Urlauber und Geschäftsreisende quartieren sich gern in den behaglichen und modern eingerichteten Gästezimmern ein. Vom eiligen Gast in der Mittagspause über den hungrigen Ausflügler bis zum Gourmet hat Familie Kreger im Lamm für jeden aus Küche und Keller das Richtige zu bieten.

Karamellisierte Salzdampfnudeln mit Mohneis

Zutaten:

4 Salzdampfnudeln (vom Vortag)
2 Essl. Butter
3 Essl. Zucker
200 ml Milch
Früchte der Saison

Mohneis:

$^1/_4$ l Milch
$^1/_4$ l Sahne
4 Eigelb
100 g Zucker
30 g gerösteter Mohn

Zubereitung:

Milch und Sahne aufkochen. Eigelb und Zucker schaumig rühren, zur Milch-Sahnemischung geben, zur „Rose" abziehen. Den Mohn zugeben, die Masse in der Eismaschine gefrieren.

Die Dampfnudeln in jeweils 4 Scheiben schneiden. Butter in einer Pfanne erhitzen, die Dampfnudelscheiben von beiden Seiten anbraten. Mit dem Zucker bestreuen, die Milch darüber gießen und einkochen lassen, bis der Zucker karamellisiert. Dampfnudelscheiben noch warm mit etwas Eis bestreichen und wieder zusammensetzen. Sofort mit dem Mohneis servieren, mit Früchten der Saison garnieren.

PARK & BELLHEIMER

Park- und Bellheimer AG

Pfälzer Privatbrauereien
in Pirmasens und Bellheim
Karl-Silbernagel-Straße 20-22
76756 Bellheim
Telefon   07272/701-0
Telefax   07272/701-177
E-Mail   park-bellheimer
            @park-bellheimer.de
www.park-bellheimer.de

Die Pfalz lebt nicht vom Wein allein! Auch in der weinseligen Pfalz ist und bleibt der Gerstensaft eines der beliebtesten Getränke, ohne Unterschied von Rang und Stand. Nur vier Zutaten erlaubt das Deutsche Reinheitsgebot von 1516 dem deutschen Brauer für sein Bier: Malz, Hopfen, Hefe und Wasser.

Zwei Pfälzer Privatbrauereien schlossen sich 1995 zusammen und gingen ins neue Jahrtausend als PARK & Bellheimer AG – zwei fest in der Region verwurzelte Traditionsbrauereien mit einem hohen Qualitätsanspruch, mit einem „Herz für die Pfalz" und dem Anliegen, die Heimat lebens- und liebenswert zu erhalten.

Der Zusammenschluss machte das Unternehmen zum Marktführer in der gesamten Pfalz. Noch immer wird an beiden Standorten gebraut, in Pirmasens und in Bellheim,

noch immer haben die beiden Brauereien ihr eigenes Vollsortiment. Neben dem klassischen aromatisch gehopften feinherben Pils, dem bewährten würzigen Export, den erfrischenden und spritzigen Weizenbieren runden aromatische Dunkelbiere, saisonale Spezialbiere und die als „Radler" so beliebten Biermischgetränke das Sortiment ab. Jede einzelne Biersorte steht für ein besonderes Genusserlebnis, für schäumendes vollmundiges Biervergnügen.

Erhalten blieb auch der regionale Absatzmarkt. Kurze Auslieferungswege im überschaubaren Verbreitungsgebiet stärken das Umweltbewusstsein und bieten dem Kunden die Gewähr, sein Bier stets frisch in höchster Qualität zu bekommen.

Neben Altbewährtem kennzeichnen jährliche neue Produkte das Fortschrittsdenken des Unternehmens PARK & Bellheimer;

immer ist dabei neben dem handwerklichen Können das individuelle Gespür des Braumeisters gefragt. Innovative Ideen bei der Werbung und ein gemeinsamer Slogan „DIE REINE PFALZ" stehen für Frische, Reinheit, Einzigartigkeit und Geschmack der Produktpaletten von PARK & Bellheimer. Großflächige Plakate, City-Light-Poster, Anzeigen in auflagestarken Tageszeitungen und Funkspots sorgen dafür, dass man die Bierspezialitäten stets vor Augen und Ohren hat, dass man ihnen möglichst oft begegnet. Die Heimat von PARK ist der Pfälzerwald, die Braustätte in Pirmasens. Aus dem Pfälzerwald stammen zwei der natürlichen Grundstoffe von höchster Qualität: weiches reines Wasser aus den Tiefen des Sandsteins, das den Bieren nach Pilsener Art seinen ganz besonderen Geschmack gibt und sortenreine sonnengereifte Braugerste aus der „Kornkammer der Pfalz". In Kirchheim-

bolanden wird sie in der eigenen Mälzerei zu aromatischen Malzen aufbereitet. Auch für die im vorderpfälzischen Bellheim gebrauten Biere ist neben der guten Braugerste bestes Brauwasser Ausgangsstoff – schließlich macht Wasser 95% des beliebten Gerstensaftes aus. Aus dem eigenen Tiefbrunnen namens Bellarisquelle sprudelt es, und seit den neunziger Jahren des letzten Jahrhunderts werden auch die bekannten Bellaris-Mineralwasser von höchster Qualität aus dem Brunnen gewonnen.
Die „Seele des Bieres", feinsten Hopfen nämlich, bezieht PARK & Bellheimer zur Erntezeit aus den bekanntesten Anbaugebieten Deutschlands. Bellheimer Biere sind milder gehopft und blumiger, die Gerstensäfte aus der Westpfalz geben sich kräftiger – Biere wie Land und Leute! So wird PARK & Bellheimer den individuellen

und regionalen Vorlieben ihrer Kunden gerecht mit Sorten, die sich nicht nur in einer unverwechselbaren einprägsamen Produktausstattung unterscheiden, sondern auch in Geschmack und Aroma. Markenzeichen der Bellheimer Biere ist der Lord, für die Qualität der PARK-Produkte garantiert das P-Männchen in roter Raute. Zum gemeinsamen Renner wurden die neuen Mischspezialitäten Blacky aus Bier und Cola und das Weizenbier-Apfelgetränk Sunny. Ein moderner Fuhrpark sorgt an beiden Standorten für eine pünktliche Belieferung der Kunden: der gepflegten Gastronomie, des Getränkefachhandels, der Getränkemärkte und des Lebensmittel-Einzelhandels.

STEVERDING'S ISENHOF

Nacheifern brauchte er nicht. Als 1992 der denkmalgeschützte über 500 Jahre alte Isenhof in Knittelsheim zum Verkauf stand, griff er zu, vollendete die Renovierung nach seinen Vorstellungen und verwandelte das kleine Restaurant in eine der schönsten Gaststuben, wie man sie heute nur noch selten findet. Erhalten blieben das Fachwerk, die Balkendecke, der im Lauf der Jahre gedunkelte Ziegelboden und der bunte Kachelofen.

Klein aber fein – das gilt fürs Restaurant, für die handgeschriebene Speisekarte und für die Küche. Groß und exquisit ist, was der Vollblutkoch dort für seine Gäste zaubert. Bereits 1996, vier Jahre nach der Eröffnung, durfte sich der Isenhof mit dem begehrten Michelin-Stern schmücken. Jahr für Jahr verdient sich Peter Steverding diese Auszeichnung neu und sieht darin eine Würdigung seiner ganz persönlichen Leistung, eine Bestätigung seiner Philosophie, gleichzeitig aber auch eine Herausforderung, stets sein Bestes zu geben. Zu Steverding kommen Genießer, die Zeit und Lust am Essen mitbringen und zu schätzen wissen, was der Sterne-Koch mit kulinarischem Einfallsreichtum auf den Tisch bringt, komponiert aus hochwertigen frischen Grundprodukten, aus dem Besten, was Region und Markt zu bieten haben. Wenn Steverding zum Einkaufen über Land

Ein Fachwerkhaus wie aus dem Bilderbuch im sürpfälzischen Knittelsheim machte Peter Steverding zum baulichen und kulinarischen Kleinod.

Gekocht hat er schon immer gern, der aus Herxheim stammende Küchenchef mit dem so gar nicht pfälzisch klingenden Namen. Ungewöhnlich ist auch sein Werdegang. Wohltönende und renommierte Stationen in seinen Lehr- und Wanderjahren hat er wenige aufzuweisen, große Vorbilder zum

Restaurant
Steverding's Isenhof

Hauptstraße 15a
76879 Knittelsheim
Peter Steverding
Telefon   0 63 48 / 57 00
Telefax   0 63 48 / 59 17
Ruhetag: Sonntag, Montag

fährt, spricht er seine Ideen in ein Diktiergerät. Daheim in der Küche wird dann getüftelt, gerührt, kombiniert und auch mal verworfen. So kreiert er Geschmackserlebnisse besonderer Art, pfiffig, ungewöhnlich, manchmal sogar gewagt – eben Steverdings ganz spezielle Genießerküche. Frische Kräuter geben die richtige Würze und die ansprechende Dekoration für den optischen Genuss. Die gepflegte Tafelkultur unterstreicht, was die Küche bietet. Der lockere unaufdringliche und dennoch aufmerksame Service von Steverdings Partnerin Petra Dollt trägt wohltuend zum entspannten Genießen bei. Die Karte wechselt mit dem Angebot des Marktes, konstantes Element ist und bleibt die Spitzenleistung des ausgezeichneten Kochs, der es versteht, seine Gäste stets mit neuen Kreationen zu begeistern.

Seeteufel unter geschmolzener Gänseleber auf Waldfrüchtepaella

Zutaten:

4 Seeteufelmedaillons à 100 g
200 g Gänsestopfleber
(weißer Portwein, Salz, weißer Pfeffer und Madeira zum Marinieren)
blanchierte, trocken gelegte Spinatblätter
Reduktion von Orangensaft und Thymian
Haselnussöl, Thymianzweige
Saft einer Limone
100 ml Fischfond,
100 ml Rote-Beete-Saft
4 Pfefferkörner (schwarz)
2 Pimentkörner,
1 Sternanis, Pernod, trockener Weißwein
60 g kalte Butter (gewürfelt)
1 Schalotte (fein gehackt)
Salz, Pfeffer

1 Lorbeerblatt, Safranfäden
100 g Perlgraupen (mittel)
Steinpilze, Pfifferlinge, Braunkappen (gewürfelt)
Pilzfond (gezogen aus den Putzabschnitten)

Zubereitung:

Die Gänseleber zerpflücken, von Sehnen und Adern befreien, 24 Stunden in der Marinade ziehen lassen, dann durch ein Sieb passieren. Spinatblätter auf Klarsichtfolie ausbreiten, Leber daraufstreichen, zur Roulade rollen und kalt stellen. Für die Waldfrüchtepaella die Schalottenwürfel anschwitzen, die Pilze dazugeben und mit angehen lassen. Graupen hinzufügen, mit Pilzfond und etwas Weißwein ablöschen. Salzen, pfeffern und mit Safran und Lorbeerblatt köcheln, bis die Graupen gar sind. Rote-Beete-Saft und Fischfond mit Sternanis, Piment und Pfefferkörnern kochen, zur Hälfte einreduzieren, passieren. Mit Salz und Pernod abschmecken und mit Butter aufmontieren. Seeteufel mit Limonensaft beträufeln, salzen, pfeffern und im Öl auf beiden Seiten jeweils 3-4 Minuten bei mittlerer Hitze anbraten. Butter und Thymian zugeben. Leberroulade in 1 cm dicke Scheiben schneiden, mit der Orangensaftreduktion bepinseln, auf den Fisch legen und unter dem Grill schmelzen. Die Paella mittig auf dem Teller anrichten, den Seeteufel aufsetzen und mit der aufgeschlagenen Rote Beete-Butter ansaucieren.

Steverding umlegt das Gericht mit in Tempurateig ausgebackenen Schwarzwurzelstiften und garniert mit frischen Kräutern.

Blick von Burg Landeck auf Klingenmünster

Rand des Pfälzerwaldes, stumme Zeugen der wechselvollen Geschichte der einst so blühenden Pfalz, unter den Saliern und den Staufern Kernland des Deutschen Reiches. Burgen und Schlösser, welche Brandschatzungen und Plünderungen des Bauernkrieges überdauert hatten, wurden im Pfälzischen Erbfolgekrieg endgültig zerstört. Als „Balkone der Pfalz" sind sie heute beliebte Ausflugsziele und belohnen die Mühe des Aufstiegs mit herrlichen Aussichten.

Das Deutsche Weintor in Schweigen-Rechtenbach, 1936 erbaut zur Weinwerbung und zur Ankurbelung des Tourismus, markiert als symbolische Pforte den Beginn – oder das Ende – der Weinstraße. Wie sein in den neunziger Jahren errichtetes Pendant in Bockenheim im Norden stimmt es mit Restaurant und Weinverkauf ein auf die kulinarische Entdeckungsreise entlang der Straße mit der schwarzen Traube auf gelbem Grund.

Im 7. Jahrhundert herrschte der Merowingerkönig Dagobert, den seine Untertanen den „guten König" nannten, über den östlichen Teil des Frankenreiches. Die Legende schreibt ihm die Gründung der Benediktiner-Abtei

Mehr als 80 Kilometer lang ist die Weinstraße, Deutschlands bekannteste Touristikstraße, die sich am östlichen Rand des Pfälzerwaldes – Haardt genannt – entlang durch

die Pfalz zieht. Wie Perlen an einer Kette reihen sich an ihr die schönsten Dörfer, über 100 Millionen Weinstöcke wachsen im über 7 Kilometer breiten Rebengürtel. Sagenumwobene Burgruinen krönen den

Villa Ludwigshöhe mit der Rietburg

Deutsches Weintor in Schweigen-Rechtenbach

zu, um die sich Klingenmünster allmählich entwickelte. Von den Klosterbauten stehen noch zwei Flügel und die Reste des Kreuzgangs. Klingenmünster ist der Geburtsort des „Vaters der pfälzischen Volkskunde" August Becker (1828-1891). Er machte die Burg Landeck westlich von Klingenmünster zum Sitze König Dagoberts. Doch hier überflügelte dichterische Fantasie die historische Wahrheit. Die Burg entstand erst ein halbes Jahrtausend nach Dagoberts Regentschaft, als Schutzburg für das Kloster in Klingenmünster und dessen Besitzungen. Sie gilt als die wohl schönste Burganlage der Pfalz aus der Stauferzeit.

Landau verfügt nicht nur über den einzigen Zoo in Rheinland-Pfalz, sondern ist auch Universitätsstadt und der wirtschaftliche und kulturelle Mittelpunkt der Südpfalz. Unter französischer Herrschaft wurde die Stadt 1688/91 zur Festung ausgebaut. Trotz der schweren Zerstörungen im Zweiten Weltkrieg gibt es noch einige historische Bauten: die Stiftskirche, einen sehenswürdigen Rathausplatz und das Frank-Loebsche Haus mit seinem malerischen Arkadenhof und dem Renaissance-Treppenhaus. 1844 hatte es der Großvater Anne Franks erwor-

Theresienstraße in Rhodt unter Rietburg

ben; heute ist es Schauplatz der „Weintage der Südlichen Weinstraße".

Die acht eingemeindeten dörflichen Ortsteile haben ihren eigenen Reiz bewahrt. In Nußdorf weist an einem alten Fachwerkhaus neben der mittelalterlichen Kirche eine Tafel darauf hin, dass sich dort 1525 die

Bauern in Hitze tranken und ihren Aufstand begannen.

Ein Kreuzweg führt zur Kapelle St. Anna hoch über Burrweiler; in den Monaten Juli und August finden an den Dienstagen Wallfahrten statt. Vom ehemaligen Renaissance-Schloss der Herren von Dahn im schmucken Winzerdorf ist nur noch ein reichverzierter doppelter Torbogen erhalten. Im Ofenmuseum kann man die Entwicklung des Ofenbaus vom 16. bis ins 21. Jahrhundert verfolgen; ausgestellt sind um die 300 funktionsfähige Einzelstücke.

Im idyllischen St. Martin

Fußgängerzone in Neustadt

In der „schönsten Quadratmeile" seines Reiches ließ sich Bayernkönig Ludwig oberhalb von Edenkoben zwischen 1846 und 1852 eine Sommerresidenz erbauen. „Um mich herum ist Parks genug", wehrte er ab. Wo Wein, Mandeln, Feigen und Kastanien in freier Natur wachsen, braucht es in der Tat keinen Park! Heute ist Ludwigs Sommervilla im pompejischen Stil im Besitze des Landes und ein Museum. Neben ständig wechselnden Ausstellungen beherbergt es die Galerie des berühmten Impressionisten Max Slevogt.

„Welch herrliche Rundsicht schon von der Terrasse aus" schwärmte August Becker nahezu zeitgleich mit dem Bayernkönig und weiß noch mehr über ihn zu berichten: „Einer der Lieblingsausflüge des greisen und doch noch so kräftig-frischen Königs war stets die hoch über der Villa sich erhebende Rietburg. Diese bedeutet an und für sich nicht viel, aber die Aussicht ... gehört zum umfassendsten des gesamten Gebirgssaumes und der Rheinlande überhaupt!" Beckers Schilderung hat noch heute Gültigkeit. Bequemer als zu König Ludwigs Zeiten kann man heute mit der einzigen pfälzischen Sesselbahn zur „Aussichtsterrasse der Deutschen Weinstraße" gelangen.

Von Schloss Ludwigshöhe führt ein Weg hügelabwärts nach Rhodt, das seinen Namen mit „unter Rietburg" ergänzt hat. Ein Dorf wie aus dem Bilderbuch ist der malerische Winzerort mit seiner nach der Gattin des beliebten Bayernkönigs benannten Theresienstraße, der Kastanienallee mit herausgeputzten Winzerhäusern, Weinranken und Feigenbäumchen. Über die Theresienstraße führte der sonntägliche Kirchgang der protestantischen Königin hinab zur evangelischen Dorfkirche in Rhodt; noch immer ist dort der etwas verblasste Staatssessel zu bewundern.

Seinen Wohlstand verdankt Rhodt seinen Traminer-Weinen und der Tatsache, dass es jahrhundertelang nicht zur Pfalz sondern zu Baden gehörte und damit vor den Verwüstungen des Pfälzischen Erbfolgekriegs bewahrt blieb. Mit einem über 350 Jahre

Blick auf das Hambacher Schloß

alten Traminer-Weinberg besitzt Rhodt den ältesten noch im Ertrag stehenden Weinberg Europas – wenn nicht der ganzen Welt. Drei bekannte und traditionsreiche Weindörfer mit kunstgeschichtlich bedeutenden Kirchen und Kapellen bilden den krönenden Abschluss der Südlichen Weinstraße, bevor sie sich ab Neustadt weitere 40 Kilometer durch eine paradiesische Landschaft gen Norden schlängelt und dann Deutsche Weinstraße heißt.

St. Martin am Fuße der Kropsburg wurde längst vom internationalen Tourismus entdeckt. Der gesamte historische Ortskern mit den herrschaftlichen Adelssitzen, den steilen und verwinkelten Gassen steht unter Denkmalschutz. Ein Erker an einem spätbarocken Winzerhaus in der Mühlgasse schmückte 1949 eine 20-Pfennigmarke und wurde als Briefmarkeneck zum Wahrzeichen St. Martins.

Auch Maikammer am Fuße der Kalmit, dem mit 673 Metern höchsten Berg des Pfälzerwaldes, zeigt sich als wohlhabender Winzerort mit prächtigen Barock- und Renaissance-Fassaden, mit geschwungenen Giebeln und charakteristischen Torbögen. Ein besonderes Kleinod birgt die Alsterweiler Kapelle mit einem gotischen Triptychon, einem der bedeutendsten

Tafelbilder der Pfalz. Kirrweiler war im 15. Jahrhundert Residenz der Speyerer Bischöfe und besitzt mit seiner Friedhofskapelle aus der Mitte des 18. Jahrhunderts die schönste Barockkapelle der ganzen Umgebung.

Was wäre eine Entdeckungsreise durch die Pfalz ohne einen Besuch Neustadts, der Weinmetropole und des kulturellen Zentrums an der Mittelhaardt! Mit der Eingemeindung von neun umliegenden traditionsreichen Weindörfern reicht das Areal der Stadt weit in die oberrheinische Tiefebene und ins Bergland der Haardt. Als Wahrzeichen Neustadts gilt die gotische Stiftskirche mit ihren beiden unterschiedlichen Türmen; buntes Treiben herrscht auf dem Marktplatz, dem Herz der Stadt, vor historischer Kulisse. Verträumte Winkel, traumhaft schöne Innenhöfe, liebevoll restaurierte

Fachwerkhäuser begeistern beim Bummel durch die malerische Altstadt. Am Marstall hat der Bildhauer Gernot Rumpf dem sagenhaften pfälzischen Fabeltier namens Elwetritsche mit einem Brunnen ein phantasievolles Denkmal gesetzt.

Das Hambacher Schloss zieht politisch Interessierte an. Seit dort im Jahre 1832 furchtlose Bürger demonstrierten und erstmals die schwarz-rot-goldene Flagge mitführten, ist das ursprünglich von den Saliern erbaute und im 19. Jahrhundert im Stil eines venezianischen Palazzos neu errichtete Schloss als die „Wiege der deutschen Demokratie" in die Geschichte eingegangen.

Aufgang zum Hambacher Schloß

CAFÉ SIXT

Café Confiserie Sixt

Hauptstraße 3
67433 Neustadt
Familie Sixt-Vogel
Telefon   0 63 21 / 21 92
Telefax   0 63 21 / 3 17 15
E-Mail Sixt-Vogel@t-online.de
www.cafe-confiserie-sixt.de

Ruhetag: Montag

Seit mehr als 100 Jahren gehört das beliebte Café Sixt am Beginn der Fußgängerzone zum Straßenbild Neustadts. 1980 haben Christa Sixt-Vogel und ihr Ehemann Christoph Vogel das Traditionshaus übernommen und machten aus dem Café ein Haus, das alle Generationen anspricht und zeigt, dass sich Genuss und Gesundheit mühelos auf einen Nenner bringen lassen. Ihre Ideen einer modernen Konditorei mit einer phantasievollen leichten Confiserie-Palette auf hohem Niveau setzten sie so meisterlich um, dass namhafte Kritiker ihr Haus unter die zehn besten Cafés und Konditoreien Deutschlands einstuften.

Im modernen zum Nichtraucher-Bereich erklärten Bistro findet jeder etwas für den kleinen Hunger. Leichte Gerichte und Vitaminspender wie Gemüsegratin, frische Salate, Kartoffelauflauf und Suppen sprechen alle an, die sich gesund ernähren wollen. Zur Freude der Langschläfer ist das Frühstück in vielerlei Varianten den ganzen Tag über zu haben. Zur gemütlichen Kaffeestunde am Nachmittag taucht man ein in die Kaffeehausatmosphäre im hinteren Bereich. An der Ladentheke wählt man unter 50 Torten und ebenso vielen Trüffel- und Pralinenvarianten aus, worauf man Lust und Appetit verspürt. Auch an Lebensmittel-Allergiker ist gedacht mit Kuchen und Gebäcken ohne Mehl, Ei, Milcheiweiß oder Zucker.

Das Angebot passt sich der Jahreszeit an. Dominieren im Winter die Sahnetorten, so haben im Frühjahr und Sommer die Früchte Saison, die lecker-lockeren Obst- und Mousse-Torten. Während der Pfälzer Feigenwochen im Juli und August wird die Feigentorte zum Renner. In der warmen Jahreszeit – der Platz vor dem Haus wird dann zum Straßencafé – schmecken die hausgemachten zartschmelzenden Eiskreationen in allen nur erdenklichen Geschmacksrichtungen besonders gut. Im Reigen der Jahreszeiten folgen der Feige alsbald die Kastanienspezialitäten und dann stimmen köstliche Plätzchen und duftende Stollen auf Weihnachten ein.

Für viele Hochzeitspaare gehört ein Eisbüfett oder eine Hochzeitstorte von Sixt zur gelungenen Feier. Als besonderen Gag kann man sich seine persönliche Torte mit einem essbaren Konterfei anfertigen lassen. Zum wahren Hit entwickelten sich die mit feinsten Trüffeln gefüllten Wein- oder Champagnerflaschen aus bester Schokolade; per Luftfracht werden sie in alle Welt verschickt.

Zum Besuch im Schlaraffenland wird der sonntägliche Brunch von 11 bis 13 Uhr mit Müsli, frischen Obstsalaten, Kräuterquark, vegetarischen Brotaufstrichen, Konfitüre aus eigener Herstellung und leckeren gesunden Drinks. Samstag ist bei Sixt Bayerischer Weißwurst- und Strudeltag. Herzhaft mit Käse oder mit süß-fruchtigem Obst gefüllt, lassen die hauchdünn ausgezogenen Teigrouladen keine Wünsche offen.

Eigene Wege müsse man gehen, kreativ und innovativ sein, um Erfolg zu haben, weiß Christoph Vogel. Genau das sei der Freiraum, den die Industrie qualitätsbewusst und handwerklich arbeitenden Konditoren lasse.

Sahnetorte Birne Helene

Zutaten:

für Mousse au Chocolat:
20 ml Milch
10 g Zucker
1 Ei
60 g Kuvertüre 70/30 dunkel
10 ml Sahne

für Zimt-Birnen-Sirup:
200 ml Wasser
100 g Zucker
1/2 Vanillestange
1 Prise Zimt
250 g Birnen

für Williamscreme:
Eigelb von 2 großen Eiern
35 g Zucker
30 ml Williams-Schnaps
3 Blatt Gelatine
350 ml Sahne

Zubereitung:

Im Wasserbad Ei und kochende Milch pochieren und bis zum Erkalten aufschlagen. Die Kuvertüre bei 45° schmelzen. Die Sahne aufschlagen und ein wenig davon mit der Kuvertüre mischen. Ei und Milch hinzugeben und die restliche Schlagsahne unterheben.

Wasser mit Zucker, ausgekratzter Vanillestange und Zimt kochen. Die halbierten Birnen über Nacht darin ziehen lassen.

Eigelb und Zucker pochieren, bis auf 30° kalt aufschlagen. Die in kaltem Wasser aufgelöste Gelatine ausdrücken und unterrühren. Williams-Schnaps zugeben, geschlagene Sahne unterheben.

In eine Form mit 22 cm Durchmesser und 5 cm Höhe einen 1 cm dicken Biskuit-Schokoboden einlegen. Die Mousse aufstreichen und darauf die halbierten Birnen verteilen. Williamscreme darübergeben, nach eigenem Geschmack ausgarnieren.

WEINGUT KAISERSTUHL

Hans Nickel mit seiner Frau Eva den traditionellen Familienbetrieb.

Auf 16 Hektar Rebfläche wird überwiegend Weißwein angebaut, als Spitzenreiter der spritzige rassige Riesling, der besondere Wertschätzung genießt. Bei den Roten dominiert das Dreigestirn Dornfelder, Portugieser und Spätburgunder. Die Trauben werden von Hand gelesen, gären nach herkömmlicher Methode auf der Maische und reifen dann zu markanten Weinen. Speziell ausgewählte Rotweine werden in traditionellen Holzfässern und im Barrique ausgebaut. Auch die klassischen Spezialitäten Weiß- und Grauburgunder fehlen bei Nickel nicht, unter den Bukettweinen haben neben Scheurebe der Gewürztraminer und der Morio-Muskat einen festen Platz.

Zu Füßen des Hambacher Schlosses betreibt Familie Nickel seit dem 17. Jahrhundert Weinbau, doch genau genommen beginnt die Geschichte des Weingutes erst 1950. Damals trat Paul Nickel, der Großvater des heutigen Inhabers, aus der Winzergenossenschaft aus und begann seine Weine selbst auszubauen und zu vermarkten. Die Qualität seiner Weine brachte ihm eine stattliche Privatkundschaft ein. Im Jahre 1959 wurde dem Weingut eine Privatkellerei angegliedert. In der dritten Generation führt nun der gelernte Winzer

Weingut Kaiserstuhl
Hans Nickel

Weinstraße 45
67434 Neustadt-Hambach
Familie Nickel
Telefon 0 63 21/8 03 98
Telefax 0 63 21/3 10 79

Im Keller reift der junge Most langsam und schonend zu edlen sortentypischen Qualitäts- und Spitzenweinen. Trocken, halbtrocken oder edelsüß baut Hans Nickel seine Weine aus und kann mit seinem vielfältigen Qualitätssortiment alle Kundenwünsche erfüllen. Umweltschonende Arbeitsweisen im Weinberg und pflegliche Methoden beim Ausbau gehören zu Nickels Betriebsphilosophie. Eine Bestätigung seines Qualitätsdenkens sind die zahlreichen Gold-, Silber- und Bronzemedaillen. Mit Recht ist man im Weingut Nickel stolz auf eine ganz besondere Auszeichnung: eine 1990er Siegerrebe-Beerenauslese, ein richtiger Genießertropfen, errang die begehrte DLG-Raritäten-Trophy 2000! Moderne klare Flaschen mit geschmackvoll

dezenten Etiketten unterstreichen den Qualitätsanspruch, den sich Hans Nickel setzt. Prickelnd-schäumende Jahrgangs-sekte, Liköre in dekorativen Flaschen, Brände, Traubensaft und Winzeressig runden das Angebot ab. Zum Renner geworden sind die „Hambacher Weintrüffel", köstliche Pralinenkompositionen, gefüllt mit Nickels besten Weinspezialitäten – ein Reigen durch den süßen Weinberg und ein Geschmacks-vergnügen für Kenner.
Probieren und kaufen kann man auf dem Weingut die ganze Woche über, Einzel-kunden und kleinere Gruppen werden in der gemütlichen Probierstube empfangen. Angemeldete Gäste, die in größeren Gruppen zur Weinprobe anreisen, werden während der warmen Jahreszeit in der

großen Halle bewirtet und auf Wunsch mit Pfälzer Spezialitäten aus Eva Nickels Küche verwöhnt, dazu gibt sie Tipps und An-regungen zum Thema Essen und Wein. Schließlich sind bei deftiger Hausmannskost ganz andere Weinbegleiter gefragt als bei einem erlesenen Menü.
Nickels beliefern Privatkunden in ganz Deutschland und haben vor allem im Norden einen festen Kundenstamm. Rund geht es im Weingut Nickel am „Erlebnistag Deutsche Weinstraße", immer am letzten Sonntag im August. Bei Musik, Spiel und Tanz, umrahmt von Köstlichkeiten aus Keller und Küche, wird den ganzen Tag fröhlich gefeiert.
Die beiden Söhne des Hauses garantieren die Weiterentwicklung des Weinguts. Marc absolviert eine Winzerlehre und bringt bereits frischen Wind in den Betrieb, Tobias strebt eine betriebswirt-schaftliche Ausbildung an. Doch was wäre ein Winzer ohne seine Winzerin, ein Weingut ohne die „gute Seele des Hauses"! Eva Nickel ist für den engen Kontakt zum Kunden zuständig und meistert ihre vielfältigen Aufgaben mit Charme und Bravour. Für die ehemalige Hambacher Weinprinzessin ist der Wein das „A und O". Liebevoll und mit viel Geschmack schmückt die gelernte Floristin Räume und Tische jahreszeitbezogen und sorgt mit ihren Dekorationen dafür, dass das Auge neben den leiblichen Genüssen nicht zu kurz kommt.

BECKER'S GUT

nach ihren Vorstellungen um zu einem hellen und lichten Restaurant mit einem Hauch von Toskana. Rundbögen im Kreuzgewölbestil, Orientteppiche auf den Terrakotta-Fliesen, ein Klavier, an das sich auch mal ein Gast setzen darf, geschmackvolle Wanddekorationen – all das unterstreicht das außergewöhnliche Ambiente.

Locker arrangierte champagnerfarben eingedeckte Tische mit Kerzen, Kristall und Silber tragen zur Wohlfühl-Atmosphäre bei. Durch die großen Fenster blickt man hinauf zum Hambacher Schloss oder über die weite Rheinebene. In der kühleren Jahreszeit prasselt im großen Kamin allabendlich ein Feuer, an lauschigen Sommerabenden werden draußen zwischen südländischen Pflanzen Urlaubsträume wahr.

Bei Familie Becker sind die Rollen gut verteilt. Gerdi Becker ist die liebenswürdige und perfekte Gastgeberin, die das freundliche Service-Team scheinbar mühelos führt und doch nichts dem Zufall überlässt. Auch bei der Auswahl der Getränke aus dem reichhaltigen und anspruchsvollen Weinsortiment sollte man sich ihrer kompetenten Beratung anvertrauen. Als Winzertochter und Weinprinzessin ist sie geschult für die Harmonie von Essen und Wein und weiß genau, was zu jedem Gericht passt.

Restaurant Becker's Gut

Weinstraße 507
67434 Neustadt-Diedesfeld
Familie Becker
Telefon   0 63 21 / 21 95
Telefax   0 63 21 / 21 01
E-Mail   Beckersgut@t-online.de

Ruhetag: Montag, Dienstag

Pfälzisch gereimt wirbt Diedesfeld: „Und findscht du was net in dr ganze Welt, dann geh doch mal nach Diedesfeld." Wir haben entdeckt, was eine Reise zu Neustadts südlichem Ortsteil so lohnenswert macht: Becker's Gut!

Zehn Jahre lang hatten Gerdi und Harry Becker die Adamslust in Frankenthal geleitet und sich dort bereits Auszeichnungen erworben. Dann konnten sie am Ortseingang von Diedesfeld, dem Heimatort von Gerdi Becker, einen ehemaligen Weinkeller erwerben. Behutsam bauten sie das Haus

Harry Becker ist Koch aus Leidenschaft, meisterlich und kreativ. Groß – im eigentlichen und im übertragenen Sinne – ist seine Küche. Da gibt es keine Geheimnisse, jeder darf hineinschauen und vielleicht auch mal in die Töpfe gucken. Harry Becker pflegt den persönlichen Kontakt zu seinen Gästen. Wer selbst etwas lernen möchte, für den bietet der ambitionierte Küchenmeister Kochkurse an. Dazu sollte man sich allerdings rechtzeitig anmelden – die Nachfrage ist riesengroß!

Wohl durchdacht führt Harry Becker seine „legere Gastronomie mit Herz", eine frische saisonale Gourmetküche, phantasievoll doch ohne Schnick-Schnack. Mit feinem Gespür für das Zueinanderpassende kreiert er interessante Variationen, zaubert aus einfachen Zutaten Köstliches und verwandelt mit hoher Kochkunst Regional-Deftiges in fein-ländliche Delikatessen. Harry Beckers Steckenpferd ist Fisch aus allen Weltmeeren. Täglich frisch wird er ins Haus geliefert, in den unterschiedlichsten Varianten findet er sich auf der Speisekarte.

Die Liebe und das Talent zum Kochen hat sich vom Vater auf den Sohn vererbt. Mark Becker hat sich bereits Sporen in bekannten Häusern verdient und unterstützt nun den Vater tatkräftig am Herd. Auch Tochter Christina hilft mit, wenn es Schule und Hausaufgaben erlauben.

Hanhofener Stangenspargel mit gebratenen Riesengarnelen und Dillspitzen in Gewürztraminersoße

Zutaten:

1,2 kg Stangenspargel geschält
25 g Butter
12 Riesengarnelen geputzt
Olivenöl
1 Bund Dill
1 Bund Radieschen
2 Schalotten fein gewürfelt
40 g Butter
0,9 l Spargelfond
0,1 l Sahne
etwas geschlagene Sahne
0,1 l Gewürztraminer Spätlese halbtrocken
Zucker, Salz, 1 Schuss Zitronensaft
Sherry medium

Zubereitung:

Die Schalotten in Butter glasig anschwitzen, mit Mehl abstäuben und hell andünsten. Spargelfond und Sahne unter ständigem Rühren dazugießen, langsam aufkochen lassen. Mit Salz, Zucker, Zitronensaft und Wein abschmecken und ca. 12 Minuten leicht köcheln lassen. Die Soße durch ein feines Sieb passieren, mit einem Schuss Sherry und einem Löffel geschlagener Sahne verfeinern und warm stellen.

Spargel mit Salz, einer Prise Zucker und Butter bei mittlerer Hitze 8–10 Minuten bissfest garen, herausnehmen und warm stellen.

Garnelen in Olivenöl von beiden Seiten kurz anbraten, mit Pfeffer und Salz würzen und warm stellen.

Spargel auf Teller legen, mit Soße überziehen und mit je drei Garnelen belegen. Den gehackten Dill darüber streuen, mit Radieschen garnieren.

WEINGUT HOLLERITH

Weingut Peter Hollerith

Gartenstraße 17
67487 Maikammer
Familie Hollerith
Telefon   0 63 21 / 54 65 (0 63 23 / 61 68)
mobil   01 71 / 3 68 49 73
Telefax   0 63 23 / 63 62
E-Mail Info@Weingut-Hollerith.de
www.weingut-hollerith.de

Sie tragen einen großen Namen: Dr. Herman Hollerith, Sohn eines Vorfahren, der aus dem pfälzischen Großfischlingen nach Amerika auswanderte, entwickelte das nach ihm benannte Hollerith-Lochkartenverfahren, die Vorstufe unserer heutigen elektronischen Datenverarbeitung. Das Hollerith-Verfahren wurde erstmals bei der amerikanischen Volkszählung 1890 angewandt.

Bei Familie Hollerith in Maikammer dreht sich heute allerdings alles um den Wein. Peter Holleriths Vater Hugo kaufte Weinberge, erbaute den Hof und betrieb eine Rebschule. Peter Hollerith begann dann 1981, die Weine in Flaschen abzufüllen. Als Weinmacher der dritten Generation ist Sohn Florian, ausgebildeter Weinbautechniker und Maler, in den Familienbetrieb eingestiegen. Neben seinem Engagement und der Freude am Umgang mit dem Wein bringt er seine in den USA gesammelten Erfahrungen ein. Gemeinsam verwirklicht

die Familie nun die hohen Qualitätsansprüche, die sie sich selbst gesetzt hat. Ihr Credo heißt, reintönige frische und fruchtbetonte Weine zu erzeugen – Weine, die ihnen selbst schmecken!

Nach wie vor spielen die klassischen Rebsorten eine große Rolle. Bei den weißen dominiert der rassige Riesling. Dem Trend folgend, setzen Holleriths verstärkt auf die Burgunder: den feinaromatischen Weißburgunder, den extraktreichen Grauburgunder und den ebenfalls zur Burgunderfamilie zählenden Chardonnay. Weiterhin werden Müller-Thurgau, Kerner, Scheurebe sowie der bukettreiche Gewürztraminer angebaut. Etwa die Hälfte der Rebfläche ist mit roten Sorten bestockt. Neben dem kraftvoll-samtigen Spätburgunder, dem beliebten zartfruchtigen Portugieser und dem Dornfelder, der in der Pfalz Erfolgsgeschichte geschrieben hat, macht das Weingut Hollerith mit internationalen Sorten wie Cabernet-Sauvignon und Merlot auf sich aufmerksam.

Behutsamer Umgang mit dem Boden, Ausdünnen des Fruchtansatzes im Sommer und individuelle sorgfältige Pflege der Rebstöcke lässt gehaltvolle Weine heranreifen; Qualität statt Quantität! Im Herbst wird nicht alles auf einmal geerntet sondern „selektiert" – an jedem Weinstock wird entschieden, welche Trauben geschnitten werden und welche noch weiter reifen sollen. Die roten Beeren werden entrappt und erhalten durch eine behutsame Maischegärung eine ganz besondere Prägung. Schonende Kaltgärung in Edelstahlbehältern und lange Lagerung auf der Hefe erhält den Weißweinen ihre Frische, macht sie geschmeidig und elegant und betont die filigrane Note. Extraktreiche ausdrucksstarke und sortentypische Gewächse sind der Lohn für den richtigen Umgang mit Reben und Wein. In moderne Flaschen abgefüllt, sprechen sie mit Ausstattung und Inhalt auch jüngere Leute an. Als Hommage an den berühmten Vorfahren kreierten

Holleriths ihre „Young Line" mit originellem Lochkarten-Etikett.

Auch im Weinbau ist innovatives Denken gefragt. Peter Hollerith zählt zu den Pionieren des Weinausbaus im kleinen Barrique-Fass; bereits seit Ende der achtziger Jahre experimentiert er damit. Unterschiedliche Hölzer und abgestimmte Belegungszeit der Fässer lassen seine erlesenen Cuvées „Mons Sanctus" (Heiligenberg) und Prima Luce (Erstes Licht) entstehen, die beim Deutschen Rotweinpreis mehrfach Spitzenplätze belegten.

Peter Holleriths charmante Ehefrau Beate, aus einer Winzerfamilie kommend und gelernte Reisekauffrau, hat das richtige „Know-how" und die Sprachkompetenz, um die Erzeugnisse im In- und Ausland mit Erfolg zu präsentieren. Längst haben

Hollerith-Weine einen guten Namen bei der gehobenen Gastronomie, beim Fachhandel und vor allem bei den vielen Privatkunden. Hochwertige Destillate, auf Wunsch in mundgeblasene elegante Flaschen gefüllt, und Winzersekte aus eigenen Grundweinen, nach dem traditionellen Verfahren hergestellt, runden das Angebot des exklusiven Weingutes ab.

WEINHAUS HERMANN ZÖLLER

Wein- und Gästehaus Hermann Zöller

Gutsausschank
Marktstraße 16
67489 Kirrweiler
Thomas Zöller
Telefon   0 63 21/55 00 (5 82 87)
Telefax   0 63 21/5 81 53
E-Mail   zoeller@weinhaus-zoeller.de
www.weinhaus-zoeller.de

Gutsausschank geöffnet Freitag und
Samstag ab 17 Uhr, Sonntag ab 15 Uhr

Was sich kurz und bündig „Weinhaus Hermann Zöller" nennt, ist ein respektables Familienunternehmen mit drei gesunden Standbeinen – einem Weingut, einem Gutsausschank und einem Gästehaus. Beginnen wir mit dem noch jungen Weingut: der Grundstock wurde erst nach dem Zweiten Weltkrieg von den Großeltern des heutigen Inhabers gelegt. Inge und Hermann Zöller bauten es vom landwirtschaftlichen Gemischtbetrieb zum reinen Weinbaubetrieb aus, heute bewirtschaftet Thomas Zöller in der dritten Generation 13 Hektar Rebland. Neben den Pfalz-Klassikern Riesling, Müller-Thurgau, Silvaner, Weißburgunder bei den weißen Sorten und Portugieser und Spätburgunder bei den roten werden auch neuere Züchtungen wie Dornfelder, Kerner, Scheurebe und Bacchus angebaut. Spätburgunder und Portugieser finden sich

auch als Weißherbste auf der Preisliste. Zu Thomas Zöllers festem Repertoire gehört inzwischen auch das kleine Barrique-Eichenholzfass.

Breit gefächert und für jeden Geschmack reicht das Angebot vom einfachen Landwein bis zum Qualitätswein mit Prädikat, trocken, halbtrocken und lieblich ausgebaut. Edle Auslesen und Eiswein bieten sich als Aperitif oder Dessertbegleiter an. Riesling, Weißer Burgunder, Chardonnay, Gewürztraminer und St. Laurent werden zum prickelnden Sektvergnügen. Auch ein aus Bukett-Trauben hergestellter Traubensaft fehlt nicht im Angebot, schließlich ist das Weinhaus Zöller ein anerkannt kinderfreundlicher Betrieb.

Wie gut sich Zöllers auf die Kunst verstehen, Weine herzustellen, die sich durch sortentypischen Charakter, Reife und Bukett und vor allem durch ihre Bekömmlichkeit auszeichnen, beweisen die zahlreichen Medaillen und Prämierungen auf Landes- und Bundesebene.

Die Probierstube wurde von der Juniorchefin Judith Zöller zur Weinboutique gestylt, man findet dort außer Wein, Sekt und Obstbränden auch mancherlei Spezialitäten und Accessoires, die das Entdeckerherz höher schlagen lassen. Der Weininteressent kann sich bei einer Führung durch den Betrieb einen Einblick in die Arbeit des Winzers verschaffen und wird dabei erfahren, dass durch Mengenreduzierung und schonende Verarbeitung des Leseguts die hohe Qualität der fruchtigen Weine erreicht wird.

Wer nicht selbst ab Hof kaufen kann, bekommt seine ganz persönlich zusammengestellte Sendung auch ins Haus gebracht. Vom Chiemsee bis an die Ostsee liefern oder schicken Zöllers die Erzeugnisse ihres Hauses.

Gutsausschank und Gästehaus stehen unter der bewährten Regie von Inge und Hermann Zöller. Schnell sind die Tische belegt in der gemütlich-rustikalen Schänke, denn hier herrscht echte Pfälzer Gemütlichkeit. Die Speisekarte liest sich wie ein kulinarischer Spaziergang durch die Pfalz mit deftiger Hausmannskost wie zu Großmutters Zeiten. Die Chefin kocht selbst und alles, was aus ihrer Küche kommt, ist frisch und selbst gemacht. Besonders gefragt sind Inge Zöllers hausgemachte Leberknödel, und wenn mehrmals im Jahr Schlachtfest angesagt ist, reisen die Gäste von weit her an. Zu den Köstlichkeiten der Küche genießt man die hauseigenen Weine, vom Chef persönlich eingeschenkt. In der warmen Jahreszeit ist der weite von Weinlaub umrankte und blumengeschmückte Innenhof als Gartenrestaurant besonders beliebt. Die 15 gepflegten modern eingerichteten Zimmer bieten die richtige Voraussetzung für eine erholsame Nacht oder für einen längeren Urlaubsaufenthalt. Beim üppigen Frühstück kann man am Morgen Kräfte sammeln für den neuen Tag. Manche Stammgäste kommen bereits seit 20 Jahren zu Zöllers. Übrigens: nicht nur Zöllers Weine werden ausgezeichnet, der gesamte Betrieb darf sich mit dem begehrten Gütesiegel „Urlaub auf dem Winzerhof" schmücken.

WEINGUT ALFONS ZIEGLER

Weine abzufüllen und das Weingut in der Jahnstraße zu seiner jetzigen Größe von 16 Hektar aufzubauen. 1997 übernahm Sohn Michael den Familienbetrieb. Mit dem nötigen Fachwissen ausgerüstet, hat er bereits seit 1984 neue Akzente im Weinberg und im Keller gesetzt. Anne und Alfons Ziegler haben sich derweil keinesfalls aufs Altenteil zurückgezogen, sondern sie legen noch immer in allen Bereichen des Weinguts mit Hand an.

Wie sein Vater hat es sich Michael Ziegler zur Aufgabe gemacht, Weine für höchste Ansprüche zu erzeugen. Naturnaher und umweltschonender Umgang mit den Weinbergen hält das ökologische Gleichgewicht aufrecht, konsequente Mengenreduzierung und selektive Lese im Herbst unterstützen das Qualitätsdenken. Der naturnahe Weinbau findet seine Fortsetzung im Keller. Michael Ziegler versteht sich als behutsamer Begleiter der natürlichen Abläufe. In aller Ruhe dürfen die Weine zur vollkommenen Reife gelangen, die roten nach offener Maischegärung im Holzfass, die weißen in temperaturgesteuerten Edelstahlbehältern. Die edelsten Burgundermoste gehen bei Ziegler auch den Weg über die Barrique-Fässer, die den hochwertigen Weinen in monatelangem Reifeprozess einzigartige Geschmacksnuancen verleihen.

„Eine Familie mit Weinpassion" nennen sich Zieglers und hier verschmilzt die lange Erfahrung der alten Winzer mit neuen Erkenntnissen der jungen Generation. Zusammen mit seiner Frau Anne begann Alfons Ziegler vor über 40 Jahren, eigene

Weingut Alfons Ziegler – Haus Palatinum

Jahnstraße 11
67487 St. Martin
Michael Ziegler
Telefon   0 63 23 / 53 37
Telefax   0 63 23 / 76 67
E-Mail   info@weingut-ziegler.de
www.weingut-ziegler.de

Jahr für Jahr wird die intensive und qualitätsorientierte Arbeit belohnt mit Gold-, Silber- und Bronzemedaillen. Variantenreiche sortentypische Gewächse mit eigenständigem Charakter, im harmonischen Zusammenklang von Alkohol, Säure und Inhaltsstoffen, haben Zieglers einen großen Kundenkreis in ganz Deutschland geschaffen – zufriedene Kunden, zu denen Familie Ziegler ein sehr persönliches Verhältnis pflegt.

Von seinem Vater hat Michael Ziegler die Liebe zu den roten Gewächsen übernommen. Etwa 60% der Weinberge sind mit roten Sorten bestockt, wobei der Schwerpunkt auf dem körperreichen und gehaltvollen Spätburgunder liegt. Zum milden Portugieser und samtigweichen Dornfelder gesellen sich neue interessante Sorten wie Cabernet-Sauvignon. Bei den Weißweinen führt der rassige Riesling noch den Rebsortenspiegel

an, doch auch hier gilt Zieglers Vorliebe den Burgundern, dem weißen, dem grauen und dem zum Trendwein gewordenen Chardonnay. Noch manche Veränderung hat der junge dynamische Winzer im Sinn.

Neben den überwiegend trocken ausgebauten Weinen bietet das Weingut auch Weine mit dezenter Süße, edle Raritäten von Auslesen und Beerenauslesen – nicht zu vergessen die exklusive Linie Z, beste Auslesen in formschönen Flaschen nach dem Motto „für höchste Qualität das anspruchsvollste Design". Michaels charmante Ehefrau Marislena kümmert sich um Büro und Verkauf, ist aber auch, dank des richtigen Fachwissens, für die umfangreiche Präsentation des Weinguts im Internet verantwortlich.

Michael Ziegler ist nicht nur ein sensibler Weinmacher, er ist auch sonst offen für die schönen Dinge des Lebens. Für das 1997 erbaute und direkt über dem Weingut liegende Gästehaus hat er mit viel Kunstverstand in der Pfalz und in Südeuropa Antiquitäten, Einzelstücke und hochwertiges Mobiliar zusammengetragen und jedes Zimmer liebevoll individuell gestaltet. „Haus Palatinum" hat er es genannt und damit die prägenden Einflüsse Südeuropas auf die Pfalz zum Ausdruck gebracht. Am Rande eines parkartigen Exotengartens, dem Hobby von Senior Alfons, hat Michael Ziegler ein Ferienparadies mit toskanischem Flair und einem Hauch von Luxus geschaffen, in dem alles aufs Wohlfühlen abgestimmt ist. Traumhaft ist der Blick über die Dächer von St. Martin und die Rheinebene bis hin zum Odenwald und Schwarzwald.

WEINGUT STEPHANSHOF

Biolandweingut
Stephanshof
und Straußwirtschaft

Jahnstraße 42
67487 St. Martin
Familie Kiefer
Telefon   0 63 23 / 45 77 (98 09 01)
Telefax   0 63 23 / 78 76
E-Mail
weingut-stephanshof@t-online.de
www.weingut-stephanshof.de

Seit Jahrhunderten ist Familie Kiefer mit dem Wein verbunden. Aus Tirol kamen die Vorfahren einst in die schöne Pfalz, auch dort waren sie schon Musiker und Winzer. Heute besitzen Kiefers in St. Martin einen stattlichen Winzerhof.

Bereits in den siebziger Jahren des 20. Jahrhunderts stellten Reinhold und Irene Kiefer ihren Weinbaubetrieb aus Überzeugung auf biologische Arbeitsweise um und gehörten damit zu den Pionieren des organisch-biologischen Weinbaus in der Pfalz. 1981 erfolgte die Anerkennung als Bioland-Betrieb und Jahr für Jahr wird das Weingut seither von einer staatlich anerkannten Kontrollstelle geprüft. Die Weine erweckten das Vertrauen umweltbewusster Verbraucher. Längst hat Familie Kiefer eine treue

Privatkundschaft, welche die exklusiven und auf der Grundlage der strengen Bioland-Richtlinien erzeugten Tropfen zu schätzen weiß. Sohn Stephan, dessen Namen das Weingut trägt, steht inzwischen als Winzermeister dem Familienbetrieb vor und setzt die Arbeitsweise seines Vaters fort; noch immer wird er tatkräftig von den Eltern unterstützt.

Behutsam und nur da, wo es wirklich nötig ist, greift der im Einklang mit der Natur wirtschaftende Winzer in die biologischen Vorgänge im Weinberg ein und verzichtet auf giftige chemische Spritzmittel. Schonend werden dann die Weine im Keller ausgebaut. Ohne Zusatz fremder Hilfsmittel werden die Trauben gepresst. Dann darf der Most mit seinen Eigenhefen zum Jungwein vergären und in Ruhe mindestens ein halbes Jahr in Holzfässern oder Edelstahltanks reifen.

Überwiegend trocken, d.h. durchgegoren, bauen Kiefers ihre Weine aus. Zu den klassischen Roten wie Spätburgunder, Dornfelder und St. Laurent gesellen sich im Stephanshof Cabernet-Sauvignon und Merlot. Die Palette der feinen Weißweine reicht vom edlen Riesling über Silvaner und Müller-Thurgau bis zu den Grauen und Weißen Burgundern und dem ebenfalls aus der Burgunderfamilie stammenden Chardonnay. Klassisch-trocken ausgebaut, auf weiße Bordeaux-Flaschen gezogen, unterstreichen sie das Qualitätsdenken des Bio-Weingutes. Drei Kiefern auf den klar gestalteten Etiketten symbolisieren den Familiennamen.

Eine sinnvolle Ergänzung sind Auslesen und Aperitif-Weine mit Sherry-Charakter. Neben Sekten aus eigenen Gutsweinen bieten Kiefers als fruchtig-frisches Sommergetränk einen Perlwein namens Bio-Secco

an. Besonders gehaltvolle Chardonnay-, Dornfelder- und Spätburgunderweine – die beiden letzteren auch als Cuvée – baut Stephan Kiefer im Barrique-Fass aus. Gekonnt erhält er dabei auf optimale Weise die Balance zwischen Frucht, Körper, Alkohol, Tannin und den Aromaeinflüssen aus dem kleinen Eichenfass und erzeugt Weine mit einer ganz besonderen Note. Wenn von September bis November die Straußwirtschaft geöffnet hat, ist der Stephanshof über das Wochenende beliebter Treffpunkt für Wanderer, Radfahrer und natürlich für Weinfreunde. Hier spielen die Frauen der Familie die Hauptrolle. Zu den hauseigenen Weinen servieren Irene Kiefer und Tochter Jutta Oberländer bodenständige Hausmannskost und Pfälzer Spezialitäten mit Zutaten aus biologischem Anbau. Im geschützten Hof sitzt man zwischen Oliven, Zitronen, Oleandern und Palmen; der üppige Blumenschmuck zaubert einen Hauch von Urlaubsstimmung und südländischem Flair in den Pfälzer Winzerhof.

Auch die mit allen Bequemlichkeiten ausgestattete geräumige Ferienwohnung verdient höchstes Lob. Sie entstand nach neuesten baubiologischen Erkenntnissen, verfügt über einen separaten Eingang und lädt zu jeder Jahreszeit zum gemütlichen längeren Verweilen ein.

Über 80 Prozent ihrer Erzeugnisse vermarkten Kiefers an Privatkunden in ganz Deutschland; die Weine kommen auch in Hof- und Bioläden zum Verkauf. Kennen lernen und probieren kann man die bekömmlichen Weine und Sekte direkt am Ort ihrer Entstehung und sich dabei erklären lassen, wie viel Arbeit in jeder Flasche steckt und dass der schonende Ausbau der richtige Weg ist, hochwertige Weine zu erzeugen.

DOKTORENHOF

kräftige Soßen, zartes Gemüse, feine Suppen, deftiges Fleisch und köstliche Süßspeisen. Als Aperitif regt er den Appetit an und sensibilisiert die Geschmacksnerven. Als Zwischengericht schafft er Freiraum für den nächsten Gang, als Digestif wirkt er dem Völlegefühl entgegen.

Essig, so weiß man, regt den Stoffwechsel an, beschleunigt das Verdauen der Speisen und wirkt bei regelmäßiger Anwendung der Cholesterinablagerung in den Blutgefäßen entgegen. Durch Inhalieren hemmt er das Wachstum von Keimen in den Atemwegen. Das Wissen um die Heilwirkung dieser feinsäuerlichen Essenz ist nicht erst eine Erkenntnis unserer modernen Zeit, es war schon Gemeingut fast aller Kulturvölker des Altertums. Im Mittelalter schützten sich die Menschen vor Pestbakterien, indem sie Essig in ihren Räumen verdunsten ließen. Für Georg Wiedemann ist Essig nicht einfach nur „Saures", er ist ihm ein mystisches Elixier der Sinne und des Gaumens – ganz einfach die Kunst, Genuss und Seele in Einklang mit dem Körper zu bringen. Für seine Kreationen ist das Beste gerade gut genug. Die Grundweine für seine kostbaren Essige stammen aus dem eigenen 6,5 Hektar großen Weingut. Im Kellergewölbe des Doktorenhofes reifen sie in alten Eichenfässern nach dem Sherry-Verfahren,

Nicht nur der Wein hat in der Pfalz Karriere gemacht, sondern auch der Essig. Im kleinen Venningen östlich von Edenkoben dreht sich auf dem Doktorenhof von Georg und Johanna Wiedemann alles um den Essig; sie machten ihr kleines Weingut zu einem „Refugium für Saures", zum ersten Weinessiggut Deutschlands. Essig untermalt und würzt frische Salate,

Weinessiggut Doktorenhof

Raiffeisenstraße 5
67482 Venningen
Georg Heinrich und Johanna Wiedemann
Telefon   0 63 23 / 55 05
Telefax   0 63 23 / 69 37
E-Mail   doktorenhof@t-online.de
www.doktorenhof.de

eine leichte Oxydation trägt zur Entfaltung der Aroma- und Bukettstoffe bei. Im „Allerheiligsten der Essigstube" warten in wohltemperierten mit Gaze bedeckten Eichenfässern die Essigbakterien auf die ausgereiften Weine. Hier vollzieht sich das eigentliche „Essigmysterium": Langsam und schonend verwandeln die Bakterien den Alkohol des Weins zu Essig. Bis zu zwei Jahre gären hier die edlen Essenzen, versetzt mit ausgewählten Blüten, Blättern und Früchten natürlich gereifter Pflanzen, um deren Wirkung schon im 12. Jahrhundert die heilkundige Äbtissin Hildegard von Bingen wusste.

Im Vorratskeller schlummern die frischen Essige in kleinen Barriquefässern ihrer Vollendung entgegen, bis sie schließlich in mundgeblasene Flaschen, nach des Essigkünstlers eigenen Entwürfen gestaltet, abgefüllt werden. Selbst die Etiketten stammen vom Meister, gemalt mit Essigfarben.

Wiedemanns hocharomatische Spitzenprodukte finden sich in den Küchen berühmter Gourmettempel und in den Regalen internationaler Feinkostgeschäfte, renommierte Fachkliniken schwören auf die Wirkung seiner Heilessige. Doch auch auf dem Doktorenhof kann man bei Georg und Johanna in Essig schwelgen, die Hektik des Alltags hinter sich lassend. Sie haben ihr Essiggut zu einem Ort der Kunst und der Harmonie gemacht, wo alles aufs Wohlfühlen abgestimmt ist. Die Augen berauschen sich an den kostbaren Essigen in edlen Gewändern, umrahmt von Gemälden des Pfälzer Essigkünstlers. Dezente klassische Musik bietet den Genuss für die Ohren, betörende Essigdüfte schmeicheln Nase und Zunge.

Bei einer Führung darf man mit dem Meister hinabsteigen und sich im kerzenbeleuchteten Kellergewölbe einführen lassen in Mystik und Tradition des Essigmachens. Im Degustationskeller erlebt man bei einer Probe, kredenzt im eigens kreierten Doktorenglas, den kulinarischen Reiz der Essigvielfalt – exquisite Genüsse für Zunge und Gaumen. Essig mit allen Sinnen! Dabei bekommt man vielleicht Lust auf ein ganz spezielles Essigmenü in einem Pfälzer Landgasthof, einem alten Weinschloss oder in einem Gourmet-Restaurant. Weltbekannt und weltberühmt sind sie geworden, der Essigmacher und seine feinsäuerlichen Kreationen. Trotz allem ist der Schorsch ein echter Pfälzer Winzer geblieben, im Auftreten und im Herzen – ein Image- und Werbeträger für die Pfalz schlechthin!

WEINGUT UND SPEZIALITÄTENBRENNEREI SPIEGEL

Ein blaues Signet mit der Aufschrift „Destillerie Pfälzer Edelbrand" am preisgekrönten schönen Winzerhaus weist uns den Weg zu Familie Spiegel. Wir betreten einen Hof, der wie geschaffen ist zum fröhlichen Feiern und zum gemütlichen Beisammensein. Die liebevolle Ausstattung vermittelt die positive Lebenseinstellung der Familie. Das durch die Überdachung einfallende Licht gibt dem Hof Wärme; Orangen- und Zitronenbäumchen, Oleander und üppiger Blumenschmuck unterstreichen das südliche Flair.

Hier stellt Volker Spiegel seine interessanten Weine, die spritzigen Sekte und vor allem die Spezialitäten aus der Edelobstbrennerei vor. Man spürt dabei das Engagement, die Freude an der Arbeit und die Zufriedenheit der Kunden, die ihm wiederum beweist, dass er auf dem richtigen Weg ist. Spiegels bieten kombinierte Wein-, Schnaps- und Likörproben zusammen mit kleinen Pfälzer Spezialitäten an; auf Wunsch gibt er dabei eine kleine Einführung in die Geheimnisse des Brennens. Immer wieder gewünscht wird der Flammkuchen aus dem eigenen

Steinbackofen. Sollte der Wettergott ganz ungnädig gestimmt sein, so steigt man zum Probieren und Feiern einfach hinab ins Sandsteingewölbe des ehemaligen Holzfasskellers aus dem Jahre 1576.

Weinbau betreibt Familie Spiegel mittlerweile in der fünften Generation, seit 1990 leitet Winzermeister Volker Spiegel zusammen mit seiner Frau Sigrid den Familienbetrieb. Der persönliche Kontakt zu den Kunden ist dem engagierten Paar wichtig. Regelmäßig sind sie in ganz Deutschland unterwegs, um ihre Erzeugnisse nach Möglichkeit selbst auszuliefern. Ihre zehn Hektar Weinberge, bestockt mit den pfalztypischen Rebsorten, bewirtschaften sie nach den Richtlinien des umweltschonenden Weinbaus und erzeugen bekömmliche Weine mit sortentypischem Charakter. Der Barrique-Ausbau ist für Volker Spiegel

Weingut und Spezialitätenbrennerei Spiegel

Hauptstraße 13-15
67482 Venningen
Volker Spiegel
Telefon 0 63 23 / 18 31
Telefax 0 63 23 / 8 18 31
E-Mail Volker-Spiegel@t-online.de

längst keine Modeerscheinung mehr; „Barricco" nennt er die im kleinen Eichenfass gereiften edlen roten und weißen Spätlesen. Genießerherzen schlagen höher bei Spiegels Weinaperitif, einer alten Beerenauslese von den beiden Rebsorten Huxel und Ortega, nach Sherry-Art ausgebaut und mit eigenem Weinbrand verfeinert.

Der Vater richtete 1980 eine moderne Brennanlage ein, die zweite kam 1993 dazu. Seither gehören zu den Spezialitäten des qualitätsorientierten Weinguts edelste Destillate. Das A und O eines guten Endprodukts ist bekanntlich immer und überall der Ausgangsstoff – und das ist bei den Produkten aus der Brennerei das Obst von Spiegels Streuobstwiesen. Im gesegneten Klima der sonnigen Südpfalz findet es ideale Bedingungen, um saftige Früchte

mit vollem Aroma zu entwickeln.

Kenner wissen den intensiven Fruchtgeschmack der Spiegel'schen „Wässerchen", der Obst- und Fruchtbrände und der Geiste zu schätzen. Wer bisher der Meinung war, aus Trauben werde nur Wein gemacht, sollte sich bei Spiegels die vielerlei Spezialitäten erklären lassen, die Wein- und Traubendestillate und die Tresterbrände. In Edelstahltanks oder in kleinen Fässern aus Maulbeer-, Eschen- oder Eichenholz ruhen die hochprozentigen Destillate nun über Jahre, bis sie nach vollendeter Reife trinkfertig auf etwa 40 Vol.% reduziert und in edle Flaschen abgefüllt werden.

Spiegels Brände, Geiste und Liköre sind gelobt, prämiert und ausgezeichnet, sie werden in guten Restaurants ausgeschenkt. Sie haben ihre Liebhaber unter den zahlreichen sachverständigen Privatkunden und

sie sind ein Erlebnis für Nase, Gaumen und Augen. Volker Spiegel entwirft verführerische Flaschen, kreiert Etiketten und gibt seinem Sortiment damit eine sehr persönliche Note. Auf ganz besonderen Kundenwunsch lässt er Flaschen mit ausgefallenem Zierinhalt anfertigen. Man kann Sternzeichen in Auftrag geben, Firmenlogos, Maskottchen oder Hobbysymbole, alles wird modellgetreu wiedergegeben. Für alle, die das Besondere suchen, halten Spiegels im attraktiv gestalteten Verkaufsraum ein breit gefächertes Angebot an Accessoires rund um den Wein und die „guten Geister" bereit.

GUTTING PFALZNUDEL

Gutting Pfalznudel GmbH
Entwicklung und Herstellung
von Nudeln in exklusivem Design und
Restaurant Nudelholz

Hauptstraße 43-45
67483 Großfischlingen
Gerlinde Thelen
Telefon   06323/5719
Telefax   06323/4352
E-Mail   pfalznudel@t-online.de
www.pfalznudel.de
Restaurant täglich ab 11 Uhr geöffnet,
Nudelladen ab 8 Uhr (So. ab 11 Uhr)

„Nudeln machen glücklich!" Das jeden-
falls behauptet PFALZNUDEL-Chefin
Gerlinde Thelen. Und bei ihr scheint's zu
wirken, denn die Nudeln geben nicht nur
Power und halten fit, sondern man freut
sich auch noch über ihre raffinierte Form.
Das kaum mehr als 600 Einwohner zählen-
de Großfischlingen bei Landau ist bekannt
geworden als Heimat von PFALZNUDEL
und von Deutschlands verrücktestem Nudel-
Designer. Gutting PFALZNUDEL ist ein florierendes Unternehmen, dessen Erzeugnisse
bundesweit und international Anerkennung
gefunden haben und zum Synonym für
exklusiven Nudelgenuss geworden sind.
Hergestellt werden die Teigwaren nach
Originalrezepten aus besten Zutaten, deren
Mischung Gerlinde Thelen natürlich geheim
hält. Sie schmecken immer noch wie hausgemacht, auch wenn längst hochmoderne
Maschinen die handwerkliche Produktion
abgelöst haben. Für höchste Qualität
sprechen die vielen Auszeichnungen und
Medaillen, z.B. durch die CMA Deutschland.
Doch das eigentliche Geheimnis der
PFALZNUDEL ist und bleibt ihr raffiniertes

Outfit in Form und Farbe. Nudeln werden
bei Gerlinde und Heinz Thelen nicht einfach
erzeugt sondern „designt".
Hoch in der Luft, auf einem Flug nach
Italien, hatte Heinz Thelen die zündende
Idee: weshalb nicht das übliche Nudel-
sortiment mit etwas Neuem ergänzen?
Die Trauben-Nudel war geboren. Man ließ
sich die Traubenform patentieren, weitere
Spezialformen wurden entwickelt.
Inzwischen umfasst die Produktionspalette
mehr als 100 verschiedene Teigwarensorten
in den unterschiedlichsten Formen.
Da wimmelt es von teiggeborenen Teddys,
Herzen, Formel-1-Flitzern, Loks, Tennis-
schlägern, Revolvern, Schiffen und den
unterschiedlichsten Tieren. Selbst süße
Schoko-Nudeln kann man sich für die
Nudelparty zu Hause in die Küche und
damit auf den Teller holen. Namhafte
Unternehmen geben in Großfischlingen
sogar ihr Firmenlogo oder ihr Produkt aus
Nudelteig in Auftrag. Und das alles in
Farbe: rot, grün, lila, gelb, schwarz oder

braun. Die Tönung erfolgt ausschließlich auf pflanzlicher Basis etwa mit Tomaten, Spinat, Rote Beete und anderen natürlichen Zugaben. Nie scheinen den kreativen Nudelmachern die Ideen auszugehen. Immer wieder ersinnen sie ein neues Design, einen raffinierten Geschmack, um Kunden auf der ganzen Welt zu überraschen und zu erfreuen.

Tochter Corinna Schreieck hat sich der Musik verschrieben, doch Spaß und Freude an der Nudel liegen ihr im Blut. Sie unterstützt die engagierte Firmeninhaberin beim Marketing und bringt mit Nudeln in Notenform und einem eigens von ihr komponierten Pasta-Boogie-Woogie für Chor und Klavier neuen Pep ins Nudelparadies. Betriebsbesichtigungen für Gruppen unterstreichen den direkten Kontakt zum Kunden und lassen auch den letzten Zweifler zum

Nudel-Fan werden. Im Verkaufsraum ist in verlockender Vielfalt all das angeboten, was das Haus produziert, die dazu passenden Gourmet-Saucen kann man gleich mit dazu erstehen.

Im hauseigenen Restaurant NUDELHOLZ dreht sich – wie könnte es anders sein – alles um den Nudelgenuss. Täglich kann man sich dort, an warmen Tagen auf der herrlichen Gartenterrasse, mit raffinierten Spezialitäten „rund um die Nudel" verwöhnen lassen.

Süße Schokoladennudeln

Zutaten:

200 g Schokoladennudeln
Vanillesoße oder Weinschaum
nach Belieben:
Eis, Likör oder Fruchtsoße
frische Früchte der Saison
Puderzucker
gehackte Pistazien
Pfefferminzblättchen

Zubereitung:

Die Schokoladennudeln in kochendes Wasser (nach Wunsch mit Zucker) geben und nach Kochzeitangabe kochen. Die Nudeln am Tellerrand dekorieren, in die Mitte des Tellers Vanillesoße (oder Weinschaum) geben und gleichmäßig verlaufen lassen. In der Soße weitere einzelne Schokoladenudeln gruppieren. Je nach Geschmack mit frischen Früchten, Eis, Likör oder Fruchtsoßen dekorieren. Die Nudeln mit Puderzucker abstäuben, mit gehackten Pistazien und frischem Pfefferminzblatt garnieren. Lauwarm oder kalt servieren.

ALTER KASTANIENHOF

teilt das Erdgeschoss in zwei Gasträume; altes freigelegtes Sandsteingemäuer, im Original erhaltene Holzträger und nostalgische Dekorationen verleihen dem Alten Kastanienhof eine ganz besondere Ausstrahlung.

Hausherrin in Rhodts Schatzkästlein ist Lolita Knebl. Seit Januar 2001 führt sie den Alten Kastanienhof, sorgt für die gemütliche und zwanglose Atmosphäre und kümmert sich selbst um die Gäste. Ab 11 Uhr morgens bietet Frau Knebl mit ihrem Küchenteam durchgehend warme Speisen. Sie achtet auf Frische und regionale Herkunft von Fleisch und Gemüse; auch die Tagesempfehlung ist auf das saisonale Angebot abgestimmt. Frau Knebl setzt Akzente mit einer bürgerlichen aber dennoch raffinierten und abwechslungsreichen Küche; für jeden Geschmack, für jeden Geldbeutel ist etwas dabei!

Was auf den Tisch kommt, ist selbst gemacht – vom Süppchen nach „Großmutters Art" bis zum leckeren Dessert. Das Studium der Speisekarte weckt die Vorfreude auf das, was man dann hübsch angerichtet vom freundlichen Service gebracht bekommt. Der Wein, den man zum Essen wählt, stammt

In Rhodts „Prunk-Allee" mit den Rosskastanien und den rebenumrankten Winzerhäusern verbirgt sich hinter einem einladend geöffneten Rundbogentor ein Kleinod mit dem treffenden Namen „Alter Kastanienhof". Dunkles Fachwerkgebälk

Gasthaus und Pension
Alter Kastanienhof

Theresienstraße 79
76835 Rhodt unter Rietburg
Lolita Knebl
Telefon   0 63 23 / 8 17 52
Telefax   0 63 23 / 8 19 47

Kein Ruhetag

ausschließlich aus dem Rhodter Anbaugebiet. Erfreulich ist, dass nahezu alle der edlen Tropfen als Viertele und als Flaschenweine zu haben sind.

Wo genießt man nun Speis und Trank im Alten Kastanienhof? Auf der sonnigen Südterrasse zwischen Palmen, am dicht ans Haus reichenden Weingarten, wo einem die Trauben fast in den Mund wachsen? Im toskanischen Innenhof oder drin in ländlicher Wohnzimmeratmosphäre? Hier wiederum hat man die Wahl zwischen zwei Etagen. Unten sitzt man an blank polierten Holztischen, im oberen Stockwerk sind die Tische fein eingedeckt. Es wird dazugenommen, wenn unten der Platz nicht mehr ausreicht, wenn man in Gesellschaft feiern oder ein festliches Essen in trauter Zweisamkeit genießen möchte.

Noch eine Besonderheit macht das Haus so liebenswert: kein Stuhl, kein Tisch gleicht dem anderen. Was man auf den ersten Blick für auf Flohmärkten gesammelte Möbel halten mag – die Truhe, die Schränke und Kommoden, all das sind Ausstellungsstücke eines benachbarten Antiquitätenhändlers, die man kaufen kann. Kleinere Accessoires, Lampen und Bilder darf man gleich bei Frau Knebl erwerben. Immer wieder dekoriert sie die Räume neu und gibt ihnen mit Möbeln verschiedener Stilepochen und Holzarten ein neues Gesicht.

Hatte man dann noch das Glück, eines der vier mit allem Komfort ausgestatteten Zimmer reservieren zu können, steigt man ohne Sorgen um den Führerschein vom lauschigen Hof aus eine Treppe hoch. Im Alten Kastanienhof spürt man, dass die Pfalz wirklich ein ganz besonderes Fleckchen Erde ist.

Geschmorte Rehkeule mit glacierten Kastanien

Zutaten:

1,5–2 kg Rehkeule
Salz, Pfeffer
Bratfett
Wurzelgemüse (Sellerie, Karotten, Lauch, Zwiebel)
je 1 Zweig Rosmarin und Thymian
1 Essl. Mehl
2 Essl. Tomatenmark
0,5 l Rotwein
500 g Esskastanien
50 g Butter
helle Fleischbrühe
2 Stück Würfelzucker

Zubereitung:

Die Rehkeule würzen, in heißem Fett von beiden Seiten gut anbraten. Wurzelgemüse, Rosmarin und Thymian zugeben, ca. 8–10 Minuten mitschmoren. Mit Mehl bestäuben, Tomatenmark hinzufügen, mit dem Wein ablöschen. Im Backofen bei 170° ca. 1,5 Stunden garen. Die Keule herausnehmen, Soße zur gewünschten Konsistenz einkochen, durch ein Sieb passieren.

Die vorbereiteten geschälten und enthäuteten Kastanien in der zerlassenen Butter kurz andünsten. Mit Fleischbrühe auffüllen bis die Kastanien bedeckt sind, Zucker zugeben, ca. 30 Minuten kochen lassen bis nur noch wenig sirupartiger Fond bleibt. Die Kastanien vorsichtig in diesem Fond schwenken, damit sie sich gleichmäßig mit einer glänzenden Schicht überziehen.

Im Alten Kastanienhof serviert man dazu Kartoffelklöße, Rotkraut und Preiselbeeren.

GUTSSCHÄNKE ST. ANNABERG

St. Annaberg
Weingut mit Gutsschänke und Gästezimmer

Annastraße 203
76835 Burrweiler
Familie Lergenmüller
Telefon   0 63 45 / 32 58
Telefax   0 63 45 / 91 81 40
E-Mail   info@sankt-annaberg.de
www.sankt-annaberg.de

Ruhetag: Montag, Dienstag

Hoch über Burrweiler, inmitten des Naturschutzgebiets „Haardtrand – Pfälzerwald", liegt auf einem Ausläufer des sagenumwobenen Teufelsbergs das Weingut St. Annaberg. Namensgeber ist das nahegelegene Wallfahrtskirchlein St. Anna. Als Klause wurde das Gut einst gegründet, in der sich die Pilger mit Brot und Wein stärken konnten. Unter Napoleons Herrschaft diente St. Annaberg als Quartier für französische Offiziere; erhalten aus jenen wirren Zeiten ist der historische Schankraum.

Als das Weingut 1998 zum Verkauf stand, erwarb es Familie Lergenmüller aus Hainfeld, die sich längst als Weinmacher der ganz besonderen Klasse einen Namen gemacht hatte. Auf dem höchstgelegenen Weingut der Pfalz reifen hochwertige Weine heran, das in der Pfalz nahezu einmalige Zusammentreffen von Buntsandstein und Schiefer verleiht vor allem dem Riesling einen ganz unverwechselbaren Charakter. St. Annaberg ist eine Monopol-Lage, einzig die Weine des Gutes führen diese Bezeichnung und tragen das für sie entworfene Etikett. Alle Gutsweine werden trocken ausgebaut und als Qualitätsweine angeboten, auch wenn sie einer Spätlese oder gar einer Auslese entsprechen.

Was sich in der Gutsschänke tut, steht unter der Regie von Christine Lergenmüller – und da erhält der Gast heute mehr als Brot und Wein! Die Schlemmereien von Küchenchef Dorian Rau haben schon manchen Zweifler zum überzeugten Anhänger der kräftigen und ehrlichen Pfälzer Küche bekehrt. Übers Jahr verarbeitet er, was um ihn herum wächst und gedeiht, zu deftigen Leckerbissen. Wild aus dem Pfälzerwald erscheint nur dann auf der Speisekarte, wenn es wirklich Saison hat.

Gern spaziert man an Nachmittagen hinauf zum St. Annaberg, um sich an Kaffee und hausgemachtem Kuchen zu laben; Wanderer stärken sich mit einem zünftigen Vesper.

Ein großer Spielplatz und die moderaten Preise machen die Einkehr im kinderfreundlichen Haus auch für größere Familien zum Vergnügen. An warmen Tagen lockt der herrliche terrassenförmig angelegte Sommergarten. Wie im Urlaub in südlichen Gefilden sitzt man zwischen Oleandern und Palmen und genießt dazu den traumhaften Blick über Reben und Dörfer bis hinüber zum Odenwald und zum Schwarzwald.

Herzlichkeit empfängt auch die Gäste, die unbeschwerte Ferientage auf dem Weingut verbringen möchten. Zehn freundliche rustikal eingerichtete Zimmer und ein Appartement gehören zu St. Annaberg. Wer mehr von der schönen Pfalz sehen und erleben möchte, bucht einfach eines der besonderen „Highlights", die in Zusammenarbeit mit dem Landhaus Herrenberg in Landau-Nußdorf angeboten werden.

Wildterrine
(mit Sauce Cumberland)

Zutaten:

300 g Rehschnitzelfleisch, dressiert
100 g Kalbsschulterspitz, dressiert
150 g Kalbsleber
3 g Wacholderbeeren
3 cl Pfälzer Weinbrand
100 g Rehfilet, pariert
50 g Spickspeck in dünnen Scheiben
10 g Butter
15 g Gelatine
0,3 l Wasser
1 cl Pfälzer Weinbrand
200 g Rückenspeck
1 kleiner Apfel
100 ml Sahne
20 g schwarze Trüffel, gewürfelt
Pfeffer und Salz

Zubereitung:

Reh-, Kalbfleisch und Leber würfeln, mit Wacholder und Weinbrand marinieren. Das Filet mit Speckscheiben umwickeln, in Butter sautieren und kühl stellen. Gelee herstellen, mit Weinbrand verfeinern.

Rückenspeck fein würfeln, in einem Topf bei mäßiger Hitze zergehen lassen, das marinierte Fleisch im austretenden Fett sautieren, herausnehmen und kühl stellen. Apfel schälen, entkernen, in Scheiben schneiden, unterarbeiten und die Masse durch ein Sieb streichen. Auf Eis stellen, Sahne und Trüffelwürfel unter die Farce mischen, abschmecken. Rehfilet in die Mitte einer Terrinenform setzen und mit der Farce bedecken. Im Ofen bei 220° ca. 10 Minuten und anschließend bei 180° backen, bis die Terrine eine Kerntemperatur von 50° aufweist. Terrine etwas auskühlen lassen, mit flüssigem Gelee auffüllen und im Kühlraum erkalten lassen. Auf St. Annaberg wird zur Wildterrine eine hausgemachte Sauce Cumberland serviert und ein trockener St. Annaberg Gewürztraminer empfohlen.

WEINGUT HEINZ PFAFFMANN

Weingut Heinz Pfaffmann

Hauptstraße 21-23
76833 Walsheim
Gustav Pfaffmann
Telefon   0 63 41 / 6 16 96
Telefax   0 63 41 / 6 14 83
E-Mail
weingut-heinz-pfaffmann@t-online.de

Im schmucken Winzerdorf Walsheim fällt bei einem Spaziergang das Gebäude des Weinguts Heinz Pfaffmann auf. Seit 1616 ist das gepflegte Anwesen in Familienbesitz. In der siebzehnten Generation leitet der Weinbautechniker Gustav Pfaffmann den Betrieb; inzwischen absolviert auch Sohn Andreas eine Winzerlehre. Der traditionsreiche Familienbetrieb wurde zu einem modernen Weingut entwickelt, das sich auf hochwertige Qualitäts- und Prädikatsweine spezialisiert hat. Die heutige Generation kann stolz sein auf die zahlreichen Prämierungen. Jahr für Jahr kommen neue Auszeichnungen dazu; Bundes- und Staatsehrenpreise für „besondere Verdienste um den Wein" bestätigen das Qualitätsdenken der erfolgreichen Winzerfamilie.

Ganz pfalzuntypisch entfallen von den 75 Hektar bewirtschafteter Fläche nahezu zwei Drittel auf die gefragten „Roten", bei denen wiederum der körperreiche Spätburgunder dominiert. Des weiteren baut Pfaffmann den aromatischen Schwarzriesling, den markanten Dornfelder und den beliebten Portugieser an, als Spezialitäten ergänzen Frühburgunder und der farbintensive Lemberger den Rebsortenspiegel.

Bei den weißen Sorten überwiegt der rassige Riesling, gefolgt vom vielseitigen Weißburgunder und seinem engen Verwandten, dem Grauburgunder und dem internationalen Trendsetter Chardonnay. Als seine große Leidenschaft bezeichnet Gustav Pfaffmann die Burgunderreben, deren Rebfläche er in den letzten Jahren ständig erweitert hat. Die

bukettreichen Gewürztraminer, Huxelrebe und Siegerrebe werden zu hochwertigen edelsüßen Spezialitäten ausgebaut.

Das Weingut ist geradezu ein Musterbeispiel dafür, wie gut sich Tradition und Fortschritt ergänzen können. Pfaffmanns bewirtschaften ihren Betrieb nach neuesten Erkenntnissen und setzen Maschinen überall dort ein, wo Handarbeit ohne Qualitätseinbußen eingespart werden kann. Die Weine werden temperaturgesteuert vergoren und anschließend mit biologischem Säureabbau verfeinert. Rotweine reifen grundsätzlich im Holzfass. Man lässt den Weinen die Zeit, ihre edlen Eigenschaften wie Farbe, Geschmack und Aroma zu entwickeln. Pfaffmanns sortentypische bekömmliche

Weine erfreuen sich bei Kennern und Genießern zunehmender Beliebtheit.

Auch im Weinbau ist innovatives Denken gefragt! Barrique-Ausbau ist längst keine Modeerscheinung mehr. Als Mitglied des „Pfälzer Barrique-Forums" baut Gustav Pfaffmann als besondere Spezialität für genüssliche Stunden Rotwein-Spätlesen wie Frühburgunder und Lemberger sowie einen edlen Chardonnay im kleinen Eichenholzfass zu optimaler Harmonie aus.

Vergessen wir nicht die Winzersekte, die aus besten Grundweinen auf der Flasche vergären und alle im eigenen Betrieb hergestellt werden. Als leichtes prickelndes Sommervergnügen bieten Pfaffmanns inzwischen auch einen Perlwein namens Palatina an.

Sehr begehrt sind auch die Ausbildungsplätze im anerkannten Lehrbetrieb.

Pfaffmanns beliefern ihre über ganz Deutschland verteilten Kunden direkt ins Haus und in den Keller. Probieren und kaufen kann man an Ort und Stelle die ganze Woche über, selbst an Sonntagen ist das Weingut bis Mittag geöffnet. Weinproben mit reichhaltiger Bewirtung, Weinbesprechungen und Kellerführungen sind nach Voranmeldung möglich. Im Frühjahr werden die Pflanzen aus dem Winterquartier geholt und verleihen dem Hof ein mediterranes Flair.

Einmal im Jahr lädt Familie Pfaffmann ihre Kunden zu einem ganz besonderen Hoffest ein: Kulinarisches Wein- und Sektvergnügen mit musikalischer Umrahmung verbinden sie mit kleinen Kunstausstellungen und Vernissagen aus den Bereichen Bildhauerei, Malerei, Töpferei und Goldschmiedekunst. Für Gäste, die länger bleiben wollen, bieten Pfaffmanns in einem liebevoll renovierten und modernisierten kleinen Haus direkt neben dem Weingut vier gemütliche Ferienwohnungen an.

LANDHAUS HERRENBERG

Landhaus Herrenberg
Gutsrestaurant - Hotel - Weingut

Lindenbergstraße 72
76829 Landau-Nußdorf
Familie Lergenmüller
Telefon   0 63 41 / 6 02 05
Telefax   0 63 41 / 6 07 09
E-Mail info@landhaus-herrenberg.de
www.landhaus-herrenberg.de
www.lergenmueller.de

Ruhetag: Donnerstag

Wo könnte man sich besser kundig machen über den edlen Rebensaft, ihn besser genießen als auf einem Weingut der Spitzenklasse? Wir sind beim Wein- und Sektgut der passionierten Winzerfamilie Lergenmüller angekommen. Vor allem die roten Sorten sind es, mit denen sich die Brüder Stefan und Jürgen Lergenmüller einen Namen gemacht haben. In fast künstlerisch-spielerischer Art erzeugen sie nach romanischer Weinphilosophie edle Gewächse, welche die enge Verbindung der Pfalz mit den Regionen des Südens unterstreichen und dennoch ihre Pfälzer Herkunft eindrucksvoll bezeugen.

Auf den schweren kalkhaltigen Böden der vom Klima verwöhnten Vorderpfalz wachsen Spitzengewächse heran, die sich unter der behutsamen Pflege von Kellermeister Jürgen Lergenmüller zu trockenen und ganz unverwechselbaren Weinen für höchste Ansprüche entwickeln. Ein feurig-roter Spätburgunder mit dem klangvollen Namen Angiolino (Engelchen) und eine edle Chardonnay-Spätlese werden im Barrique-Eichenholzfass ausgebaut. Der monatelange Reifeprozess verleiht ihnen feine Nuancen von Holztönen und bringt ihre vielschichtigen Aromen besonders gut zur Geltung. Mit dem Riesling vermählt sich der Chardonnay zu einer ebenfalls romanisch inspirierten Spitzencuvée namens DelVino, der idealen und sinnlichen Begleitung zu Fisch und Meeresfrüchten.

Seit zum Wein- und Sektgut noch eine schmucke Gutsherberge gehört, erwartet den

Reisenden der vollendete Dreiklang von Wein, Essen und Gastlichkeit inmitten einer zauberhaften Bilderbuchlandschaft. Individuelle und mit sicherem Geschmack eingerichtete Zimmer laden zum erholsamen Schlafen ein. Für Seminare und Workshops bietet der exklusive Wintergarten den richtigen Rahmen.

Küchenchef Harald Nickel verwöhnt die Gäste im eleganten Gutsrestaurant oder an warmen Tagen im südländisch rebenumrankten Hofgarten oder auf der in die Weinberge hineingebauten Terrasse. Er vertritt die feine leichte Küche im pfälzisch-mediterranen Stil. Der Kräutergarten, gackerndes und schnatterndes glückliches Federvieh unterstreichen die Frischeküche, das Wild bringen Jürgen und Stefan Lergenmüller aus der eigenen Jagd. Was der Koch sonst noch braucht, holt er sich aus dem Umland,

kombiniert es mit Zutaten aus südlichen Ländern und zaubert daraus erlesene Gerichte. Was auf den Tisch kommt, bestimmt die Jahreszeit; immer Saison hat im Landhaus Herrenberg der Wein, den Harald Nickel gekonnt als Würze und zum Verfeinern einsetzt.

Themenwochen, spezielle Events und kulturelle Highlights ziehen sich durchs ganze Jahr. Augen und Gaumen werden verwöhnt, wenn das Landhaus Herrenberg von Mai bis September an Sonn- und Feiertagen zu „Mediterranen Spezialitäten vom Holzkohlengrill" lädt. Zum kulinarischen Sektfrühstück immer am ersten Sonntag eines Monats sollte man unbedingt reservieren. Zu gutseigenen prickelnd-extraganten Sekten bekommt man in einzelnen Gängen außergewöhnliche Gourmandisen serviert.

Wildschweinrücken im Schwarzbrotmantel

Zutaten:

800 g Rücken
vom jungen Wildschwein
100 g Zwiebelwürfel
50 g Karotten- und Selleriewürfel
2 Zehen Knoblauch
2 Essl. Tomatenmark
je 1 Zweig Rosmarin und Thymian
Wacholderbeeren, Lorbeerblatt
Pfeffer, Salz
1 l Dornfelder
50 g Butter
2 Essl. Preiselbeeren
150 g Schwarzbrot
50 g Rosinen in Weinbrand
120 g Kalbfleischbrät

Zubereitung:

Den Wildschweinrücken auslösen und parieren. Rückenfilet würzen, kurz anbraten, kühl stellen. Knochen und Parüren anrösten, Gemüse und Knoblauch dazugeben und weiter rösten. Tomatenmark zugeben und mit Dornfelder ablöschen. Gewürze hinzufügen und langsam köcheln lassen. Schwarzbrot und Rosinen im Mixer zerkleinern. Diese Masse zwischen 2 Folien ausrollen, mit Kalbfleischbrät bestreichen und den Wildschweinrücken darin einrollen. Ca. 1 Stunde kühl stellen.

Den vorbereiteten Wildschweinrücken mit zerlassener Butter bestreichen und bei 180° 25 Minuten im Ofen garen. Die Soße passieren und auf 1/4 einköcheln – mit Butter aufmixen und Preiselbeeren zufügen.

Im Landhaus Herrenberg wird dazu Gemüse der Saison serviert und der Spätburgunder „Angiolino" empfohlen.

WEINGUT MATHIS

Weingut Mathis

Alte Straße 4
Weinstube
Weinstraße 66
76889 Klingenmünster
Familie Mathis
Telefon   0 63 49 / 55 76 (17 86)
Telefax   0 63 49 / 73 64
E-Mail   weingut.mathis@t-online.de

Ruhetag (Weinstube):
Mittwoch, Donnerstag

In Klingenmünsters heiterer Landschaft der Sonne und des Weins führen Wilfried und Marianne Mathis ihr Weingut als Begegnungsstätte nach der Philosophie: Alles intensiv gelebte Leben ist Begegnung, Wein ein Medium von Kunst und Kommunikation.

Die besondere Liebe von Familie Mathis gilt den Rotweinen, die traditionell im Holzfass ausgebaut werden und unter besonders günstigen Bedingungen in einem Keller aus dem Jahre 1526 reifen. Natürlich fehlen bei Mathis auch die typischen Pfälzer Weißweinsorten nicht. Erlesene Qualitäts-

weine, Kabinettweine, Spät- und Auslesen führt das Weingut in seinem reichhaltigen Sortiment; klassisch-trocken, feinfruchtig-halbtrocken oder vollmundig-mild ausgebaut, kommen die Weine jedem Geschmack entgegen.

Die edelsten Auslesen werden nach der Reife in den kleinen Barrique-Fässern aus Limousin-Eiche in elegante Futura-Flaschen abgefüllt. Von bekannten Künstlern wie R. A. Penck und Sarro gestaltete Etiketten unterstreichen die besondere Note. Prickelnde Jahrgangssekte aus eigenen ausgewählten Grundweinen, in traditioneller Flaschengärung gereift und gerüttelt, ergänzen das Angebot.

Zum Weingut Mathis gehört auch die urgemütliche Weinstube in der Weinstraße. Mit ihrem Sandsteingemäuer, den rustikalen Holztischen und alten Fassdauben an der Decke zählt sie zu den urigsten und schönsten der ganzen Pfalz. Manch frohe weinselige Runde findet sich hier zusammen, wenn sie ab 18 Uhr geöffnet ist und lässt sich zu den gutseigenen Weinen pfalztypische deftige Gerichte und Spezialitäten schmecken.

Qualitätssicherung und -steigerung war der Leitgedanke der zukunftsorientierten Familie, als sie am Ende der Alten Straße, mitten im Grünen und umgeben von Reben, ein neues Betriebgebäude erbaute. Hier bieten sich nicht nur optimale Möglichkeiten für die schonende Ausbauweise und die richtige Lagerung der Weine, sondern auch das Ambiente um all die Erzeugnisse des Gutes stilvoll zu präsentieren. Sohn Elmar absolviert bereits eine Ausbildung für Kellerwirtschaft; damit ist gewährleistet, dass Familie Mathis auch in Zukunft für den Wein leben wird.

Genügend Platz war auch für geräumige und komfortabel ausgestattete Gästezimmer als gemütliche Bleibe für die schönsten Tage des Jahres. Was kann sich ein Weinfreund Schöneres wünschen als in einem Weingut Ferien zu machen, freundlich betreut von der Frau des Hauses, umgeben von Rebbergen, in denen man vielleicht den

nächsten Jahrgang des Weins heranreifen sieht, der gerade im Glase funkelt.

Doch nicht nur die Gastfreundschaft wird bei Marianne Mathis groß geschrieben sondern auch das Gespür für den richtigen Umgang mit dem Wein. Der neugestaltete

Degustationsraum wird zu einer Stätte des menschlichen Miteinanders im Sinne des Philosophen Martin Buber. Familie Mathis bietet den Kunden gehobenen Weingenuss und man erlebt, wie harmonisch sich Wein, Kunst und Kultur ergänzen. Hier werden die

gutseigenen Weine und Sekte präsentiert, die hausgemachten fruchtigen Weingelees, die mit einer Trockenbeerenauslese gefüllten Schokoladentrüffel und der „Wein des Monats", der den Kunden zu einem reduzierten Preis angeboten wird.

In einem Umfeld, wie man sich's geschmackvoller und ansprechender kaum vorstellen kann, findet man in der Vinothek im Weingut Mathis (fast) alles, was mit dem Kulturgut Wein zu tun hat. Unter dem Motto „Feine Weine, Kunst und mehr" zeigt Familie Mathis, dass sie nicht nur Weinmacher sind, sondern dass sie es verstehen, ihren Kunden auch die schönen Dinge des Lebens nahezubringen.

Konzerte im kleineren Rahmen wird es bald geben, Dichterlesungen und Weinseminare, in denen Frau Mathis ihr Wissen um den Wein weitergeben kann. An Räumlichkeiten und an Ideen mangelt es nicht!

kann man im Raum über der Burgkapelle kostbare Nachbildungen bewundern, die Originale befinden sich in Wien.

Vom Trifels brach Kaiser Friedrich I. Barbarossa zum Kreuzzug auf, bei dem er im Heiligen Land so unrühmlich ertrank. Auf der Burg hielt sein Sohn Heinrich IV. den englischen König Richard Löwenherz in „ehrenvoller Haft" gefangen. Der Trifels und seine Nachbarburgen Anebos und Scharfenberg, von Victor von Scheffel als „Burgendreifaltigkeit" besungen, bilden die am häufigsten wiedergegebene Kulisse der Pfalz.

Eng mit dem Schicksal des Trifels verbunden ist die Geschichte des zu seinen Füßen liegenden Gerberstädtchens Annweiler im Queichtal. Friedrich II. erhob das Dorf 1219 zur Freien Reichsstadt. Der Freiheitsbrief war in den Wirren zu Ende des Zweiten Weltkriegs abhanden gekommen und blieb 46 Jahre lang verschollen. Im Januar 1991 kam er per Post aus den USA zurück.

Gleich drei Burgruinen liegen nahe beieinander in den schattigen Kastanienwäldern der Berghänge des Dernbachtals. Es sind die Überreste der ehemaligen Ritterburgen Meistersel, Neuscharfeneck und Ramburg;

Forstleute gaben dem Pfälzerwald seinen Namen, 1843 bei einer Tagung im Forsthaus von Johanniskreuz. Die UNESCO erklärte das größte zusammenhängende Waldgebiet in Deutschland 1992 zum Biosphärenreservat.

Den kleinen Weiler Johanniskreuz, mit 20 Einwohnern nur ein Ortsteil von Trippstadt, findet man auf fast jeder Landkarte verzeichnet. Uralte Wege, auf denen schon Kelten und Römer und später Könige und Kaiser das große Waldgebiet durchquerten, kreuzen sich auf der Hochfläche. Heute noch ist der Naturpark Pfälzerwald ein Stück weitgehend unberührte Natur und dennoch eine abwechslungsreiche Landschaft, wie geschaffen zum Wandern und zum Erholen.

Mehr als jede andere Landschaft der Pfalz ist der südliche Pfälzerwald, der Wasgau, ein Königs- und Burgenland und mehr als alle anderen Burgen kam der Trifels zu Ruhm und Ehren. Er war steinernes

Symbol und sichtbares Machtzeichen kaiserlicher Herrschaft. „Wer den Trifels hat, der hat das Reich". Auf der Burg wurden die Reichsinsignien, die Symbole mittelalterlicher Reichsherrlichkeit, aufbewahrt – gehütet von Mönchen des Klosters Eußerthal. Heute

Stauferstädtchen Annweiler. Oben: Die „Burgendreifaltigkeit" Trifels, Anebos und Scharfenberg

Klosterkirche Eußerthal

und Raubritter; die Bewohner der Gegend mussten sich vor ihm wohl in Acht nehmen. Vielfältige Sagen ranken sich um die Gestalt des Ritters, die man sich heute noch im abgelegenen Tal erzählt. Vom einst so reichen Kloster Eußerthal, das Kaiser Barbarossa unter den besonderen Schutz des Reiches gestellt hatte, stehen seit der Zerstörung im Bauernkrieg nur noch Querhaus und Chor der Kirche. Trotz der Verstümmelung ist der Torso eine der wertvollsten erhaltenen mittelalterlichen Bauschöpfungen in der Pfalz. Wälder, Felsen, Burgen – treffender lässt sich der Wasgau kaum auf einen Nenner bringen. Typisches Merkmal sind die zahlreichen Sandsteinfelsen, wie von Götter- oder Riesenhand als bizarre mythische Urgestalten geschaffen, dabei aber von Wasser, Wind und Wetter in Millionen von Jahren geformt. Rot leuchtend ragen sie weithin sichtbar aus der Unendlichkeit der grünen Wälder. Burgruinen aus dem gleichen Stein, manchmal

alle drei hatten als Vorwerke des Trifels strategisch wichtige Schutzaufgaben zu erfüllen.

Der „Einaug von Scharfeneck" – bei einem Gefecht war ihm ein Auge ausgestochen worden – galt als besonders wüster Geselle

Der „Jungfernsprung" über Dahn

Burgruine Neuscharfeneck im Dernbachtal

kaum vom Fels zu unterscheiden, krönen die Hügel, viele schon vor Jahrhunderten zerstört und untergegangen. Die hoch aufragenden Felsen sind zu einem Eldorado für Kletterer geworden, die Ruinen der einst so trutzigen Felsenburgen laden zum Erkunden und Besichtigen ein.

Dahns Wahrzeichen ist der Jungfernsprung – „ein mächtiger, lang sich hinziehender Berg, überhängt von drohenden Massen Straße, Fluss, Tal und Flecken", weiß August Becker zu berichten. Vor einem begehrlichen Verfolger fliehend, soll dort ein armes Mädchen in die Tiefe gesprungen sein. Wie von Engelshand getragen schwebte die Jungfrau in die Tiefe und kam unversehrt auf dem Wiesengrunde an, wo alsbald eine noch heute fließende Quelle aufsprudelte. „Braut und Bräutigam" auf der anderen Talseite sind zwei bei Kletterern besonders beliebte Felstürme.

Düster klingt die Sage vom berühmten Teufelstisch bei Hinterweidenthal, der wohl bizarrsten Felsformation des Wasgau. Der Teufel geriet, als fahrender Sänger verkleidet, in eine fröhliche Gesellschaft von Rittern und Edelfräulein, wurde aber zum Mahle nicht eingeladen. Voller Zorn

Teufelstisch bei Hinterweidenthal

Die beliebten Kletterfelsen Braut und Bräutigam

erschlug er die Ritter und briet ihre Herzen am Feuer. Dann wühlte er zwei Felsen aus dem Grund, trug sie auf die Höhe, legte eine mächtige steinerne Platte darüber und setzte sich zu Mahle.

Einst gab es in der Pfalz weit mehr Burgen als Tage im Jahr. Zu den markantesten Anlagen Deutschlands zählen die Dahner Schlösser, die drei dicht hintereinander liegenden Felsenburgen Altdahn, Grafendahn und Tannstein. Sie zeigen besonders anschaulich wie man im Mittelalter Burgen in den Fels, aus dem Fels heraus und um den Fels herum gebaut hat.

Eine der schönsten Burgruinen ist sicherlich Burg Drachenfels bei Busenberg. Wie die Dahner Schlösser war sie „Ganerbenburg", deren Besitz sich sage und schreibe 25 Burgherren teilen mussten – einer davon war Franz von Sickingen. Fast nur noch Fels ist von der einst so stolzen Burg übrig geblieben.

Ganz anders gibt sich der Berwartstein bei Erlenbach, die einzige noch bewohnte Burganlage in der Pfalz. Die eindrucksvolle Felsenburg stammt aus dem 12. Jahrhundert und wechselte mehrmals den Besitzer. Der berühmt-berüchtigste Burgherr auf dem Berwartstein war Hans von Trott, im Volksmund bekannt und gefürchtet als Hans Trapp. Noch heute geistert er als Kinderschreck durchs nahe Elsass und erscheint an

Weihnachten als schwarzgekleideter und kettenrasselnder Begleiter vom Christkind. Ende des 19. Jahrhunderts gelangte die Burg in Privatbesitz und wurde nach den schweren Schäden des Zweiten Weltkriegs in unermüdlichem Fleiß wieder aufgebaut. Heute steht sie Besuchern offen und vermittelt ein eindrucksvolles Bild vom mittelalterlichen Treiben auf einer Burg. Jahrhundertelang dämmerte Hauenstein als fast unbekanntes Walddorf vor sich hin, bis 1886 die Brüder Carl August und Anton Seibel mit der fabrikmäßigen Herstellung von Schuhen begannen und Hauenstein zum größten Schuhdorf Deutschlands

machten. Das Schuhmacherdenkmal vor dem Rathaus würdigt die Brüder. Das „Deutsche Museum für Schuhproduktion und Industriegeschichte" dokumentiert neben der Entwicklung des Schuhmacherhandwerks auch die Sozial- und Zeitgeschichte der letzten beiden Jahrhunderte. Prominente Persönlichkeiten wie Cornelia Froboess, Boris Becker und Gerhard Schröder haben dem Museum als witzige Attraktion ihre „ausgelatschten Treter" zur Verfügung gestellt.

Burg Berwartstein im südlichen Wasgau

RESTAURANT SCHNEIDER

Fassade zur Einkehr. Seit vier Generationen ist das Haus in Familienbesitz, mehrmals wurde umgebaut und erweitert. Bewusst und gekonnt wurden der rustikale Stil und der ländliche Charakter des Lokals bewahrt; erhalten hat man auch den alten Namen des Familienbetriebs.

Seit 1988 führen Petra Roth-Püngeler und Werner Püngeler das Haus, tatkräftig unterstützt von den anderen Familienmitgliedern. Mit Petra Roth-Püngeler steht eine im wahrsten Sinne des Wortes ausgezeichnete Küchenchefin am Herd. Schon während ihrer Lehr- und Wanderjahre sammelte sie Lorbeeren im In- und Ausland und wurde 1987 Weltmeister der „Chaîne des Rôtisseurs". Ehemann Werner Püngeler ist Koch und Serviermeister und somit ebenfalls „vom Fach". Als gut eingespieltes Team prägen die beiden den Stil des Hauses und haben ihr Restaurant weit über die Region hinaus bekannt gemacht. Längst haben die einschlägigen Führer das Restaurant Schneider entdeckt und loben das gute Essen zu moderaten Preisen.

Die Weltmeisterin ist ihrer pfälzischen Heimat treu geblieben, auch in der Auswahl

$\mathcal{N}$och immer gilt das abgelegene Dernbachtal als Geheimtipp für Urlauber, die Ruhe und Entspannung suchen. In der kleinen Waldgemeinde Dernbach lädt das Restaurant Schneider mit seiner schmucken

Restaurant
„Gasthaus Schneider"
und Haus Dernbachtal

Hauptstraße 88
76857 Dernbach
Familie Roth-Püngeler
Telefon   0 63 45 / 83 48 (95 44 - 0)
Telefax   0 63 45 / 95 44 - 44
E-Mail   WPuengeler@t-online.de
www.mds-online.de/Kunden/Schneider
Ruhetag: Montag und Dienstag
            (Sept. und Okt. nur Mo.)

ihrer Grundprodukte. Die Speisekarte und die monatlich wechselnden Menüs orientieren sich an dem, was die Saison zu bieten hat. Reichlich ist die Auswahl an Fleisch und Fisch und auch wer sich fürs Vegetarische entscheidet, wird nicht enttäuscht. Die Getränkekarte bietet neben 15 offenen weit über 80 Flaschenweine und zählt zu den besten der Region.

Viele Gerichte sind auch als Seniorenteller zu haben und wer wie Familie Püngeler selbst Kinder hat, kennt deren Vorlieben und berücksichtigt sie auf der Karte. Erfreulich ist, dass man zu allen Gerichten die Beilagen nach Lust und Laune selbst wählen kann.

Auch Liebhaber des Deftig-Pfälzischen kommen im Restaurant Schneider auf ihre Kosten. Geschickt finden Püngelers den richtigen Weg zwischen der regionalen und der internationalen Küche. Vieles im Hause Schneider ist selbstgemacht. Die Vesperspezialitäten stammen aus eigener Schlachtung, das würzige Brot dazu ist selbstgebacken und die Schnäpse brennt Vater Roth.

Zu einem erholsamen Urlaub gehört heutzutage ein entsprechendes Ambiente. Im „Haus Dernbachtal", betrieben von den Eltern Kurt und Hertha Roth, finden Urlauber und Feriengäste in komfortablen Zimmern und Appartements Erholung und Entspannung, auch für einen längeren Aufenthalt.

Gefüllte Kaninchenkeule mit Gänseleber und Pflaumen

Zutaten:

4 entbeinte Kaninchenkeulen
8 getrocknete Pflaumen
(in Armagnac eingeweicht)
150 g frische Gänsestopfleber
250 g Geflügelfarce
2 Essl. feingeschnittene blanchierte Lauchwürfel (zur Farce geben)
Salz, Pfeffer
Schweinenetz
Olivenöl
250 g Spaghettini
125 g Sahne, 2 Essl. weißes Trüffelöl
400 g Zuckerschoten
200 g Sojasprossen
Butter, Sesamöl

Zubereitung:

Die Kaninchenkeulen würzen und innen mit der Farce bestreichen. Die eingeweichten Pflaumen mit Gänseleber füllen, je 2 Stück auf die Farce legen und andrücken. Über die Pflaumen nochmals etwas Farce streichen und die Keulen zusammenrollen. Danach das gut geputzte Schweinenetz um die Keulen geben und diese mit Bratenschnur binden.
Die Kaninchenkeulen in Olivenöl von allen Seiten leicht in einer Pfanne anbraten und bei milder Hitze etwa 15-20 Minuten fertig garen.
Die Spaghettini kochen und mit der Sahne, dem Trüffelöl und etwas Salz in eine Kasserolle geben und sämig einköcheln lassen. Die Zuckerschoten blanchieren, mit den Sojasprossen kurz in Butter dünsten und mit etwas Sesamöl beträufeln.
Die Kaninchenkeulen in Tranchen schneiden und mit den Spaghettini, dem Gemüse und einer Dornfeldersoße auf dem Teller anrichten.

FRONHOF

knüpft an die gastronomische Vergangenheit von einst an. Inzwischen ist Koch und Küchenmeister Rainer Brunner Hausherr und Gastgeber im Fronhof.

Was man heute im historischen Ambiente geboten bekommt, ist gehobene Gastronomie in ihrer schönsten Form, ist gelebte und praktizierte Gastfreundschaft. Zusammen mit seinem hochmotivierten Team hat Rainer Brunner sein Haus zu einem Anziehungspunkt für Gäste gemacht, welche die richtige Kombination aus Freundlichkeit, Engagement und Gaumenfreuden wohl zu schätzen wissen und dafür auch gern eine weitere Anfahrt in Kauf nehmen. Die liebevollen Aufmerksamkeiten, die Lesebrille, die Sonnenbrille, der Sonnenschutz oder gar die Wolljacke, die man sich borgen kann – all diese Kleinigkeiten sind es, die dazu beitragen, dass man sich im Fronhof als persönlicher Gast willkommen fühlt.

Kinder sind gern gesehene Gäste im Fronhof. Sie dürfen sich aus einer eigenen Speisekarte ihr Essen wählen vom Aperitif bis zum vollständigen Menü – mit Gerichten, die Brunners eigene Kinder für die jüngeren Gäste kreiert haben. Ganz selbstverständlich werden sie auch zuerst bedient und können sich danach in der Spielecke im Kaminzimmer vergnügen oder sich im ausgedehnten

Wirtshaus im Fronhof

Queichtalstraße 40
76855 Annweiler-Queichhambach
Rainer Brunner
Telefon   0 63 46 / 92 91 - 76
Telefax   0 63 46 / 92 91 - 78
E-Mail   rbfronhof@t-online.de
www.fronhof.de

Kein Ruhetag

Der Fronhof im kleinen Ortsteil Queichhambach der Stauferstadt Annweiler ist ein Haus, das Geschichte schrieb und Geschichten erzählen kann. Im 13. Jahrhundert wurde er erbaut, fungierte als Gerichtsstätte, in dem an den Gerichtstagen die Schöffen verpflegt wurden, war Freihof, Bauernhof, Weinlager und schließlich Lederwaren- und Schuhladen. In den siebziger Jahren des 20. Jahrhunderts wurde das historische Anwesen zum Gasthaus umgestaltet. Der Name „Wirtshaus im Fronhof"

Gelände hinter dem Haus beim Streichelzoo frei bewegen, während die Eltern sich derweil unbesorgt dem Genuss der Köstlichkeiten aus der Fronhof-Küche widmen. Wo speist man im Fronhof? Entweder im romantischen original erhaltenen Sandsteingewölbe, das als Stall diente oder eine Treppe höher im „Alten Saal", in dem einst die Schöffen bewirtet wurden. Sobald es die Temperaturen erlauben, wird auf der geschützten Sommerterrasse serviert. Ganz gleich, wo man sich niederlässt, alles kommt aus der selben Küche, wird mit der gleichen Sorgfalt und Kreativität zubereitet und mit der Freundlichkeit serviert, die zum Stil des Hauses gehört.

Rainer Brunner ist Gastronom mit Leib und Seele; talentiert vertritt er als Kochbuchautor die feine regionale Küche. Er experimentiert gern und überrascht seine Gäste auch mal mit ausgefallenen Kompositionen. Frisch, saisonbezogen und – wann immer es geht – heimisch und aus biologischem Anbau sind die Produkte, die er verwendet. Gekonnt passt er seine Küche den Jahreszeiten an; auch das Vegetarische kommt im Fronhof nicht zu kurz.

Ob man nun Appetit verspürt auf eine herzhafte Kleinigkeit, „ebbes gut's" oder gar auf ein Feinschmecker- oder Schlemmermenü, ab 11.30 Uhr ist die Fronhof-Küche den ganzen langen Tag bis in den späten Abend geöffnet und Rainer Brunner mit seiner Mannschaft dafür da, den Gästen ihre Wünsche von den Augen abzulesen.

Salat von Pfälzer Saumagen

Zutaten:

600–700 g Pfälzer Saumagen
50 g Emmentaler
4 kleine Gewürzgurken
2 Karotten
2 Zwiebeln
je 1 grüne, gelbe und rote Paprika
2 Essl. grober Dijon-Senf
2 Essl. Melfor-Essig
1 Essl. Gurkenessig
4 Essl. Salatöl
Salz, Pfeffer, 1 Prise Zucker

Zur Garnitur:

Schnittlauch
Schlottengrün
gehackte Petersilie

Zubereitung:

Den Saumagen in feine etwa 3 cm lange Streifen schneiden.
Käse, Gurken, Karotten und Zwiebeln ebenfalls in feinste Streifen schneiden, Paprika fein würfeln.
Das Dressing in einer extra Schüssel schlagen, unter die Salatzutaten heben. Mit den Kräutern garnieren.

ZUM OCHSEN

langer Familientradition entwickelt hat. Mit speziellen Angeboten und Arrangements über das ganze Jahr ist dafür gesorgt, dass auch bei längerem Verweilen der Urlaub zu einem Erlebnis wird. Man kann durch die abwechslungsreiche Landschaft wandern und biken, im Herbst Kastanien sammeln, sich einer geführten Wildkräuterwanderung anschließen – der Hausherr organisiert alles nach Wunsch. Selbst wer die Pfalz hoch zu Ross erkunden möchte, ist bei Familie Engel bestens aufgehoben. Der Ochsen ist Wanderreitstation „Die Pfalz zu Pferd" und bietet neben einem Reitplatz Weideplätze, Gastpferdeboxen und ausreichend Parkplätze für Pferdeanhänger.

Familie Engel sorgt als gut eingespieltes Team mit Können, Erfahrung und Freundlichkeit für das Wohl der Gäste. Heidi Engel kümmert sich als „gute Seele des Hauses" um die Gäste und leitet sachverständig den Service. Fürs leibliche Wohl sorgt Thomas Engel mit seiner Küchenbrigade. Er hat sich der „Neuen Pfälzer Küche" verschrieben und lässt sich vom kulinarischen Reichtum des Pfälzerwaldes inspirieren: Wild, Beeren, Nüsse, Kastanien und Pilze, nicht zu vergessen die Bachforelle aus den glasklaren Bächen. Saisonale Spezialitätenwochen ziehen sich durch das ganze Jahr.

Landgasthof-Hotel Zum Ochsen

Marktplatz 15
76846 Hauenstein
Familie Thomas Engel
Telefon   0 63 92 / 571
Telefax   0 63 92 / 72 35
E-Mail
Landgasthof-Zum-Ochsen@t-online.de
www.Landgasthof-Zum-Ochsen.de

Ruhetag: Donnerstag (im Winter)

Unweit von Hauenstein steht bei Hinterweidenthal das wohl bizarrste Felsengebilde der Südwestpfalz, der legendäre Teufelstisch. Der Teufel selbst soll sich der Sage nach dort einst zum Mahle gesetzt haben. Himmlisch hätte der Höllenfürst wahrscheinlich gespeist, hätte es damals den Ochsen in Hauenstein schon gegeben – denn hier kocht ein Engel! Seit über 100 Jahren ist das gastliche Haus in Familienbesitz und wurde durch großzügige Um- und Neubauten zu einem modernen Landgasthof-Hotel. Geblieben aus der guten alten Zeit ist die von Herzen kommende Gastlichkeit von Familie Engel, die sich in

Auf der Speisekarte findet sich Traditionelles wie der beliebte Saumagen, die Fleischknödel und die „Lewwerknepp". Feinschmecker mit einem Faible für die regionale Küche kommen im Ochsen voll und ganz auf ihre Kosten. Doch auch wer ein deftiges Vesper liebt, ist nicht fehl am Platz, und wer zwischen den Mahlzeiten ins Restaurant kommt, kann sich etwas aus der kleinen Karte aussuchen oder sich mit Kaffee und Kuchen stärken. Für alle Gerichte bietet der wohlsortierte Keller den passenden Tropfen; als besonderen Aperitif und einfach auch zwischendurch empfiehlt sich eine der Essig-Spezialitäten von Wiedemanns Doktorenhof in Venningen.

Breit gefächert wie das kulinarische Angebot ist auch das Publikum. Vom Wanderer, Biker oder Reiter über hungrige Ausflügler, den internationalen Geschäftsreisenden bis zum anspruchsvollen Gourmet hat der Ochsen für jeden Gast aus Küche und Keller das Richtige zu bieten. Rund geht's, wenn von April bis Oktober im Schuhdorf Hauenstein an den Sonntagen die Schuhgeschäfte geöffnet haben und sich ganze Gruppen bei Familie Engel vom Einkauf erholen. In den behaglich-eleganten Gasträumen und an warmen Tagen auf der sonnigen Garten-terrasse mit Teichanlage lässt man sich gern vom freundlichen Personal verwöhnen. Nebenräume und ein großer Saal bieten Platz für Gesellschaften bis zu 100 Personen und für Festlichkeiten aller Art.

Von Thomas Engels beliebten mehrgängigen „Keschdemenü" ist hier das Dessert zum Nachkochen aufgeführt.

Kastanienparfait mit Früchten und Waldbeersoße

Zutaten:

4 Eigelb
80 g Zucker
1 Prise Vanillezucker
80 ml Milch
150 g Kastanienpüree
250 g Sahne
6 cl Kastanienlikör

Zubereitung:

Eigelb, Zucker und Vanillezucker schaumig rühren. Milch zufügen und über Wasserdampf zur „Rose" abziehen, Kastanienpüree unterziehen. Im Eiswasserbad kühlen. Sahne steif schlagen und kühl stellen. Wenn die Masse erkaltet ist, Sahne und Kastanienlikör vorsichtig unter-heben, in Formen füllen. Etwa 4 Stunden im Gefrierfach gefrieren. Das Parfait in 1 cm dicke Scheiben schneiden, mit Birnenspalten, Feigen und Waldbeersoße garnieren.

SCHAFSHOF RUPPERT

Schafshof Ruppert

Wasgaustraße 13
76848 Schwanheim
Georg-Michael Ruppert
Telefon 0 63 92 / 31 29

Georg-Michael Ruppert ist von Beruf Bauingenieur, in einem zweiten Leben allerdings ist er Schäfer. Ein Leben in der Stadt kam für ihn und seine Frau Elisabeth nie in Frage. Als sie 1979 heirateten, erwarben sie im abgelegenen Schwanheim bei Hauenstein ein kleinbäuerliches Anwesen. Zum Bauernhaus aus dem Jahre 1833 gehörten Stallungen und Scheune, Garten, ein Obststück und etwas Ackerland.

Rupperts hielten Hühner und pflanzten und ernteten im Hausgarten, was sie für den Eigenbedarf brauchten. 1984 kamen die ersten zwei Schafe dazu, 1989 begannen sie mit der Vermarktung von Fleisch, Wolle und Fellen. Inzwischen ist die Herde auf etwa 70 Mutterschafe angewachsen, Merino-Landschafe und Bergschafe, die übers ganze

Jahr verteilt um die 100 muntere Lämmer werfen.

Über die Schafzucht hat Ruppert sich kundig gemacht, Bücher studiert und Lehrgänge besucht. 1992 legte er die Gesellenprüfung als Schäfer ab, 1999 erwarb er den Meisterbrief. Elisabeth Ruppert hat ihren Erzieherinnenberuf aufgegeben und widmet sich voll und ganz der Familie und den Tieren. Aus Überzeugung und ohne ideologisches Siegel halten Rupperts ihre Tiere artgerecht und leben selbst im Einklang mit der Natur. Tag und Nacht, Sommer und Winter sind die Schafe auf der Weide, begleitet von einem Eselhengst und zwei Stuten, wie man sich's bei einem „echten" Schäfer vorstellt. Während der Vegetationszeit darf die Herde frisches würziges Gras auf den Weiden

zupfen und als „Rasenmäher im Zottelfell"
einen Beitrag leisten zum Natur- und
Landschaftsschutz. Zugefüttert wird dann
im Winter Heu von den eigenen Wiesen
und zusätzliches bestes Pflanzenfutter.
Ein- bis zweimal am Tag schaut Ruppert
nach seinen Tieren. Er kennt sie alle und
weiß, wann die Mutterschafe lammen. Rund
geht es auf dem Schafshof, wenn Ende April/
Anfang Mai die Schur ansteht. 3,5-5 kg
Wolle muss ein Schaf beim Scheren lassen,
nach dem Waschen und Kämmen bleibt die
Hälfte zur Weiterverarbeitung.
4-6 Monate bleiben die Lämmer bei der
Herde. Dann haben sie ein Lebendgewicht
von 40-50 kg erreicht und sind schlachtreif.
Rupperts haben in der ehemaligen Scheune
ein Schlachthaus mit dazugehörendem
Kühlraum eingerichtet und schlachten selbst
auf dem Hof. Die älteren Muttertiere
verarbeitet der Dorfmetzger zu Wurst, die
wiederum auf dem Schafshof zum Verkauf
kommt. Rupperts vermarkten ihre Erzeugnisse ohne feste Verkaufszeiten ab Hof.
Lämmer werden auf Nachfrage als halbe
Tiere abgegeben; Leber-, Brat- und
Schinkenwurst aus reinem Lammfleisch
gibt's in Dosen. Luftgetrocknete Knoblauch-
wurst und Salami kann man im Darm
erstehen; eine ganz besondere Delikatesse

ist der magere tiefdunkle Lammschinken.
Die Kunden wissen die Qualität des zarten
und gesunden Fleisches sehr wohl zu schätzen. Durch Mund-zu-Mund-Propaganda
und durch lobende Erwähnung in Presse
und Zeitschriften haben sich Rupperts einen
festen Kundenstamm geschaffen. Selbst das
Fernsehen war schon zu Gast auf dem
Schwanheimer Schafshof!
Doch Rupperts Schafe liefern nicht nur
Fleisch und Wurst, sondern auch Wolle in
allen Stadien: als Rohwolle, gewaschen und

gekämmt, fertig gesponnen sowie
zu Strickwaren wie Socken,
Pullovern und Jacken in Natur-
tönen verarbeitet. Außerdem gibt
es handgewebte Teppiche, warme
Wolldecken, atmungsaktive
Einzieh-Steppdecken, Kopfkissen,
Unterbetten und noch vieles mehr.
Immer ist das Ausgangsprodukt
naturbelassene wertvolle Schafwolle.
Jeder findet hier ein passendes
Geschenk oder ein ganz individu-
elles Stück zum Eigengebrauch.
Mit Wolle, Wurst und Fellen
bereichert Ruppert die Weihnachts-
märkte in Hauenstein und
Hambach, er ist mit seinem Stand
auf Bauernmärkten von Mainz bis
ins nahe Elsass zu finden und
demonstriert interessierten Kunden
auch mal ein „Schauspinnen".
In Schwanheim bekommt der
Schafshof Besuch von Kindergärten
und Schulen; selbst Betriebsausflüge
hat Ruppert schon empfangen und
geht mit den Gästen den Weg vom
„Schaf zur Wolle".

SPEISEMEISTEREI LÜDERS

Speisemeisterei Lüders
Restaurant Waldenburger
und Köhlerstube

Winterbergstraße 69
66996 Erfweiler
Hans-Jürgen und Gerdi Lüders
Telefon   0 63 91/22 08
Telefax   0 63 91/60 22
E-Mail info@dahner-felsenland.de
www.dahner-felsenland.de

Ruhetag:
Donnerstag, Freitag Vormittag

Bizarre Felsengebilde und alte Burgruinen prägen das Dahner Felsenland. Als malerisches Fachwerkdorf in der beliebten Urlaubsregion präsentiert sich der staatlich anerkannte Erholungsort Erfweiler, ausgezeichnet als eines der schönsten Dörfer Deutschlands. Ins abgelegene Erfweiler fährt, wer Ruhe, Entspannung und Erholung sucht, wer Natur genießen oder abseits der Schlemmermeile in angenehmer Atmosphäre gut speisen möchte.

Seit mehr als zwei Jahrzehnten zählt Hans Jürgen Lüders zu den ersten Adressen der Kochkunst im Wasgau. Stammgäste kennen sein behagliches und weithin beliebtes Haus noch unter dem Namen „Waldenburger" und wissen, dass sich auch eine weite Anfahrt lohnt. „Speisemeisterei Lüders" nennt der meisterliche Koch nun sein gepflegtes Restaurant und hat es geschickt in zwei Räume unterteilt. Man hat die Wahl – ganz nach Anlass, Lust und Laune – zwischen der gemütlich-ländlichen Köhlerstube, wo man sich mit Deftigem aus Omas Kochbuch

verwöhnen lassen kann, oder dem eleganten Waldenburger mit feiner Tafelkultur. Hier genießt man die kreativen Gerichte aus Lüders Neuer Südwestpfälzer Küche. Im Sommer lockt ein schattiger Biergarten zum Verweilen.

Hans Jürgen Lüders ist ein Verfechter der heimischen Küche. Besonders wählerisch ist er, wenn es um die Zutaten geht. Frisch müssen sie sein und wo immer es möglich ist, in nächster Umgebung herangewachsen

70

und gereift sein. "Produkte aus der Region für die Region" nennt er kurz und bündig seine Philosophie.

Lüders ist Mitbegründer der Vereinigung „Dahner Felsenland-Wirte", zu der sich umweltbewusste Gastronomen zusammengeschlossen haben. Sie führen auf ihrer Speisekarte aus Überzeugung regionale Produkte und verstehen sich als Partner von Landwirten, Metzgern, Imkern, Bierbrauern und des Einzelhandels. Der engagierte Koch leistete Pionierarbeit für die Küche der Region und betreibt über die Speisekarte zugleich Landschaftspflege: heimische Erzeugnisse ohne lange Lieferwege tragen zur Schonung und Erhaltung der Umwelt bei.

Hans Jürgen Lüders schreibt die wöchentlich wechselnde Speisekarte nach dem, was die Saison bietet. Wildbret stammt aus der eigenen Jagd, lebendfrische Forellen kommen aus hauseigenem Gewässer und was Lüders sonst noch braucht für seine saisonaloptimale Frischeküche, holt er sich aus der Umgebung. In seiner Küche verwandelt er die hochwertigen Produkte in kulinarische Köstlichkeiten, mit der richtigen Mischung aus Engagement, Tradition und Verfeinerung. Freundlich und aufmerksam wird dann unter der Leitung von Ehefrau Gerdi serviert, was perfekt gekocht und hübsch angerichtet aus des Meisters Küche kommt.

Froh macht es den erfahrenen Koch, dass er zu seinen Gästen viele junge Menschen mit verwöhntem Gaumen zählen kann, die seine Einstellung bejahen. Auch wenn seine Karte viele ausgesuchte Spezialitäten aus der Region bietet, der „Wasgau-Knubbe" ist ein Muss – manch einer reist eigens dafür an!

Wasgau-Knubbe
(Zopf von Lamm- und Schweinefilet)

Zutaten:

2 Schweinefilets
4 Lammfilets
Salz, Pfeffer
Bratfett, etwas Mehl
0,25 l Bratenfond
0,25 l Spätburgunder Rotwein
2 Essl. Sahne
6 mittelgroße Kartoffeln

Zubereitung:

Jeweils ein halbes Schweinefilet von Fett und Sehnen befreien, der Länge nach halbieren, ein Lammfilet dazwischen legen und an einem Ende mit einem Zahnstocher zusammenstecken. Zu einem Zopf flechten, die Enden wiederum zusammenstecken. Würzen, mehlen und auf beiden Seiten gut anbraten. Aus der Pfanne nehmen und warm stellen.

Für die Soße Bratenfett anschütten, den Fond mit Spätburgunder ablöschen, mit Bratenfond auffüllen und einreduzieren, süße Sahne unterziehen.

Dünne rohe Kartoffelstreifen in der Friteuse goldgelb zu „Kartoffelstroh" ausbacken.

Den Zopf auf vorgewärmte Teller legen (vorher die Zahnstocher entfernen), mit Soße nappieren. Das Kartoffelstroh und Gemüse nach Wahl als Beilage dazugeben.

SAARBACHERHAMMER

Hotel Restaurant Saarbacherhammer

66996 Ludwigswinkel
Familie Lambert
Telefon   0 63 93 / 92 13 - 0
Telefax   0 63 93 / 92 13 - 23
E-Mail   hotel@saarbacherhammer.de
www.saarbacherhammer.de

Ruhetag: Montag (Oktober – Mai)

Eine Besonderheit im westlichen Wasgau sind die Woog-Täler. Mehrere Wooge (d.h. Teiche) folgen im Saarbachtal zwischen Fischbach und Ludwigswinkel aufeinander. Einige sind dem Naturschutz vorbehalten, andere wurden für den Tourismus erschlossen. Berg- und Hüttenwerke säumten einst die Ufer des Saarbachs; auch der Saarbacherhammer war in vergangenen Zeiten ein Hammerwerk.

Das Hammerwerk besteht seit langem nicht mehr, geblieben ist die idyllische Landschaft, der Wald und das Wasser. Am See erbauten Vincenz und Elisabeth Bender 1952 eine Kneipe für die Arbeiter des nahegelegenen Sägewerks. Dabei sollte es nicht bleiben; Wanderer, Ausflügler und Touristen begannen die Schönheiten des Wasgau zu entdecken, verlangten nach Speis und Trank und Unterkunft.

Die nächste Generation, Josef und Helga Lambert, baute weiter und seit 1987 lädt der Saarbacherhammer als stattliches Hotel-Restaurant zur Einkehr und zum genuss-vollen Speisen, zu erholsamen Urlaubstagen, zum Erkunden der vielgerühmten reizvollen Landschaft, zum Wandern oder zu ausge-dehnten Fahrradtouren auf hoteleigenen Rädern. Ein großer Spielplatz lässt bei den kleinen Gästen keine Langeweile aufkommen. In Familienbesitz ist auch der Mühlweiher, der als beliebter Freizeitsee alle Arten von Wasservergnügen wie Baden, Rudern, Surfen und Angeln verspricht. Erholsamen Schlaf garantiert die freie Natur ringsum und die individuell gestalteten Zimmer mit moder-nem Komfort. Sauna und Solarium im Gästehaus fördern das Wohlbefinden. 1982 kam Reiner Lambert zusammen mit Ehefrau Rosel in den Wasgau zurück.

Während ihrer Ausbildung in Stuttgart hatten sie sich kennen gelernt, seit 1991 führen sie das Haus in der nunmehr dritten Generation.

Mit Laurent Hickel steht ein französischer Küchenchef am Herd und wo der Koch Franzose ist, da sind kulinarische Genüsse schon fast garantiert. Gekonnt ergänzt er die regionale Küche mit elsässischen und französischen Akzenten – wen wundert's also, dass Gäste nicht nur aus der gesamten Westpfalz sondern auch aus dem nahen Elsass den Saarbacherhammer zum kulinarischen Treffpunkt wählen. Die Speisekarte enthält pfälzische Spezialitäten wie Kartoffelsuppe und Hooriche Knepp. Auch in der feineren Küche bleibt die enge Verbundenheit mit der Pfalz sichtbar, da gibt es zum Zander die Riesling- und zum Fleisch die Burgundersoße. Der Teig für die Dornfeldernudeln wird statt mit Eiern wirklich mit Dornfelder gerührt.

Bei entsprechender Witterung genießt man die liebevoll zubereiteten Speisen auf der wunderschönen Sommerterrasse über dem Weiher. Fein eingedeckt sind die Tische drin im gemütlichen Restaurant, die breiten Panoramafenster gewähren den Blick auf den See. Um die geschmackvolle Dekoration kümmert sich Rosel Lambert, der liebenswerte Service unter ihrer Regie lässt keine Steifheit aufkommen.

Ein Wort noch zu den Nudeln. Aus Eiern von glücklichen Hühnern und dem gesunden Wasser der Ludwigswinkeler Rösselquelle – vor allem Leute mit Cholesterin-Problemen wissen dies zu schätzen – werden sie im Saarbacherhammer gefertigt und sind bei den Gästen sehr beliebt als hausgemachte Mitbringsel.

Dornfeldernudeln mit Kohlrabi-Schinkensoße und Tomatenwürfeln

Zutaten:

500 g Dornfeldernudeln
1 Kohlrabi, gewürfelt
3 Scheiben gekochter Schinken, gewürfelt
2 Essl. Butter
125 g Sahne
2 Tomaten, gehäutet und gewürfelt
1 Knoblauchzehe, zerdrückt
Olivenöl
Salz, Pfeffer, Muskat
etwas Zucker
Kräuter der Provence

Zubereitung:

Nudeln nach Anweisung kochen. Kohlrabiwürfel in Salzwasser bissfest kochen. Schinkenwürfel in Butter anschwitzen, Kohlrabi zugeben, mit der Sahne ablöschen, mit Salz, Pfeffer und Muskat würzen. Tomatenwürfel im Olivenöl bei schwacher Hitze ziehen lassen, Knoblauch zugeben, mit Salz, Pfeffer, Zucker und Kräutern der Provence abschmecken.
Die Nudeln auf Tellern anrichten, Kohlrabi-Schinken-Soße und Tomaten darübergeben.

PIRMINIUSLAND UND SICKINGER HÖHE

Waldgebiet mit wasserreichen Tälern, Hügeln und bizarren Sandsteingebilden ein Dorado für Wanderer, Radler und Reiter.

Die Ausläufer des Pfälzerwaldes reichen bis in das Stadtgebiet der Schuhmetropole Pirmasens. Die eigentliche Geschichte der Stadt, um 820 erstmals urkundlich erwähnt, beginnt im Jahre 1741. Damals baute Landgraf Ludwig IX. von Hessen-Darmstadt in Pirmasens eine Garnison auf mit einer „Spielzeugkaserne" und lebenden Soldaten. Prachtvolle Monturen ließ er ihnen verpassen, keiner von ihnen wurde je in den Krieg gerufen; „exerzieren, trommeln und chargieren" lautete die tägliche Parole. Als der Landgraf 1790 starb, löste sein Sohn die Garnison auf; zurück blieben die arbeitslosen Grenadiere. Aus den nun nicht mehr gebrauchten farbenprächtigen Uniformen fertigten die Soldatenfamilien „Schlabben" und verkauften sie auf den umliegenden Märkten. Heute prägen die später entstandenen Schuhfabriken das Stadtbild.

Zur fotogensten Szenerie der Messestadt gehört die weitgeschwungene Schlosstreppe. In Kaskaden stürzt das Wasser eines Brunnens mit Figuren des Pfälzer Bildhauers Gernot Rumpf vom Oberen zum Unteren Schlossplatz hinab, beginnend bei

Pirmasens mit dem Alten Rathaus

Der Pfälzerwald war das Jagdrevier der Stauferkaiser. Jahrhunderte später pirschte in den dichten Wäldern Pfalzgraf Johann Casimir, besungen als der „Jäger aus Kurpfalz", auf Hirsche, Rehe und Wildschweine. Heute ist das große

Im Rosengarten von Zweibrücken

einem Stierkopf mit weit ausladenden Hörnern. Die neugotische Backsteinbasilika St. Pirminius mit ihren beiden Türmen krönt das Bild. Das Heimatmuseum im Alten Rathaus dokumentiert Pirmasens' Vergangenheit als Garnisonsstadt, im Schuhmuseum im selben Haus findet man Schuhe aus allen Ländern und Zeiten. Rosen und Rosse gibt es in Zweibrücken zu bewundern. In Europas Rosengarten blühen über 60.000 Rosenstöcke mit 2000 Sorten aus aller Welt; wer es ursprünglicher mag, der besucht den Wildrosengarten beim Waldpark Fasanerie. Highlights für alle Pferdefreunde bietet das Landesgestüt. Seit der Zweibrücker Herzog Christian IV. vor bald 250 Jahren mit der Pferdezucht begann, sind die Zweibrücker Reitpferde international gefragt.

In Hornbach gründete der heilige Pirminius um 740 auf altem Königsgut sein letztes Kloster, dessen Abt er bis zu seinem Tode im Jahre 753 blieb. In Hornbach ruhten seine sterblichen Überreste mehr als 800 Jahre, bis sie nach Innsbruck überführt wurden. Das Grab des Wanderbischofs wurde zu einer beliebten Wallfahrtsstätte. Im Laufe der Jahrhunderte entwickelte sich die Abtei zu einem der reichsten und mächtigsten Klöster zwischen Metz und Speyer sowie Trier und Straßburg. Zur Aufnahme der Reliquien des Märtyrerpapstes Fabian errichtete das Kloster Hornbach ein Stift mit Kirche, Kreuzgang und Stiftsgebäuden. Die Reformation beendete die Blütezeit der Abtei, das Kloster wurde aufgelöst. Die kostbaren Handschriften und Drucke aus der ehemaligen Bibliothek bilden noch

heute den Kern der „Bibliotheca Bipontina" in Zweibrücken. Zu den bedeutendsten Persönlichkeiten Hornbachs zählt der „Ahnherr der Botaniker und Apotheker" Hieronymus Bock. Bis zu seinem Tode 1554 wirkte er als Lateinlehrer und Pfarrer in Hornbach und war gleichzeitig Hofmedicus des Zweibrücker Herzogs Ludwig II. Der Dreißigjährige Krieg brachte schweres Leid über Hornbach, Pest und Hungersnot taten ein übriges. Die verbliebenen Reste der Abteigebäude brannten im Zweiten Weltkrieg aus. Es wurde still in Hornbach und um sein einst so glanzvolles Kloster.

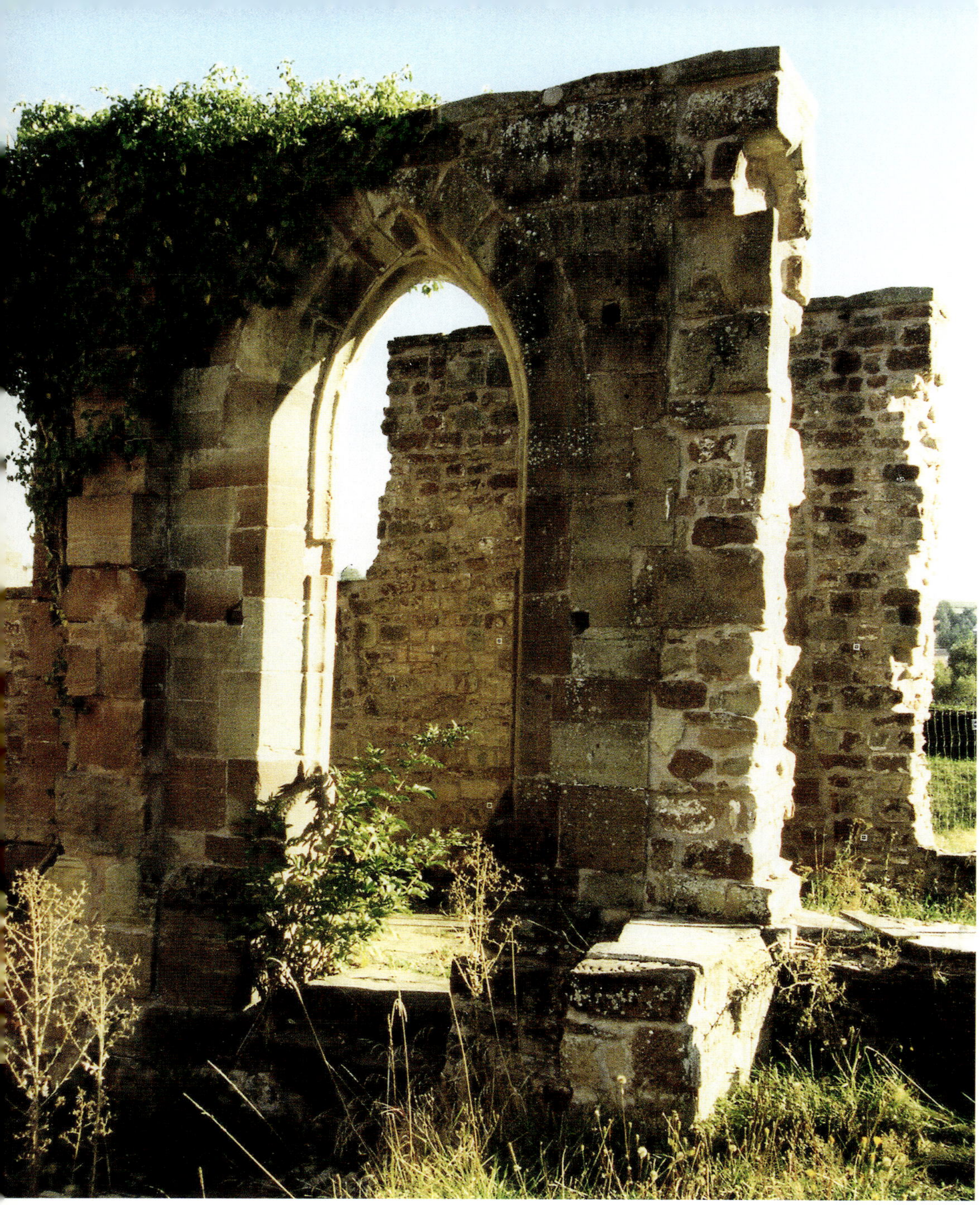

Links: In den Ruinen von Kloster Hornbach. Mitte: Im wiedererweckten Kräutergarten des Klosters.

der Bezeichnung Pirminiusland für die Gegend um Hornbach und Pirmasens. Alte Grenzsteine heißen Pirminiussteine; die heutige Schuh- und Messestadt Pirmasens verdankt ihm den Namen. Predigend und taufend zog der „Monachus peregrinus“ (um Christi Willen Heimatloser) durchs Land. Vom Kanzelfelsen bei Ruppertsweiler östlich von Pirmasens, einem fast 12 Meter hohen freistehenden Felsen, soll der heilige Pirminius zu den Heiden gepredigt haben. Unweit von Hauenstein entspringt der Spirkelbach. Die Leute erzählten, dass seine Quelle auch in harten Wintern noch nie zugefroren sei. Als einmal in der Westpfalz alle Quellen und Bäche vom Eis bedeckt waren und dem Heiligen das Wasser fehlte, um die Heiden zu taufen, soll er sich mit

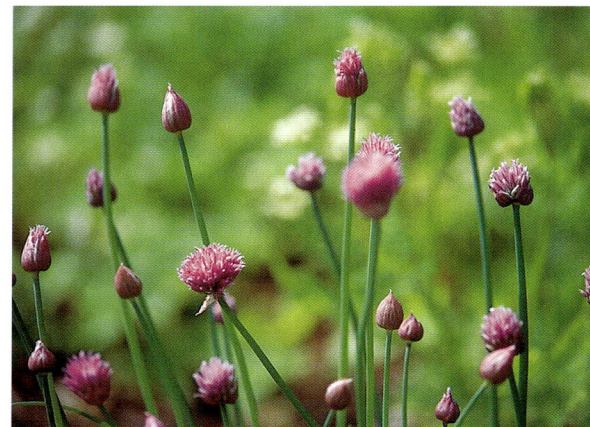

Umfangreiche Restaurierungsmaßnahmen begannen Anfang der fünfziger Jahre des letzten Jahrhunderts. Dabei entdeckte man 1953 – genau 1200 Jahre nach Pirmins Tod – die leere Grabkammer des Klostergründers und überbaute sie mit einer kleinen Gedächtnisstätte. Das Kulturdenkmal Kloster Hornbach blieb erhalten und birgt in historischem Ambiente eine Hotelanlage, die das Kloster in einem seiner Bedeutung angemessenen Rahmen mit neuem Leben erfüllt. Im Volksglauben und im Brauchtum blieb die Erinnerung an Pirmin erhalten, sein Name lebt weiter in

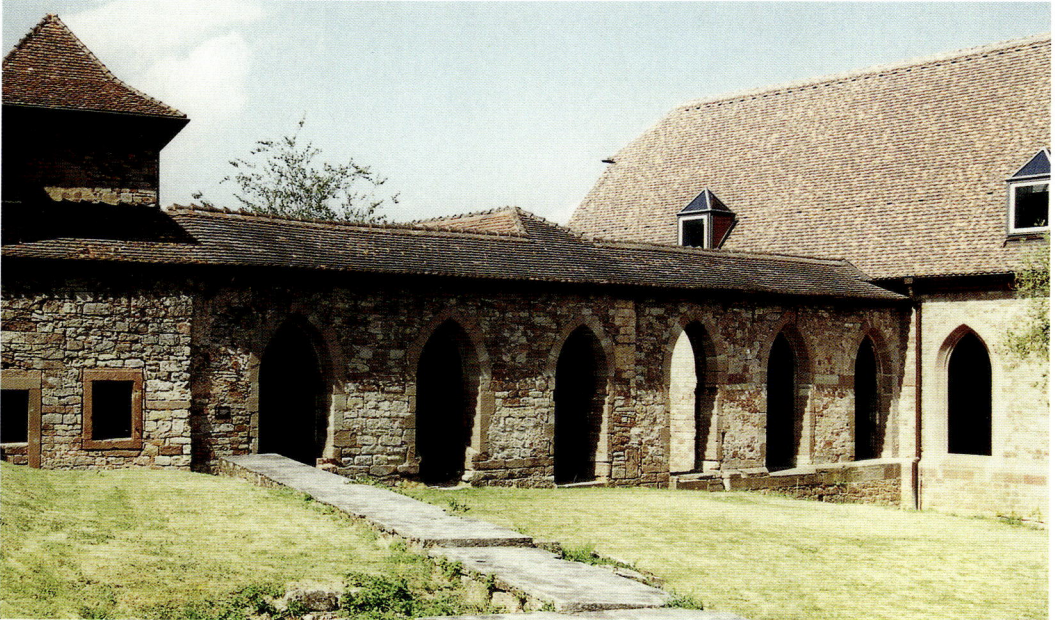

Restaurierter Teil des Klosters Hornbach

3000 Gläubigen auf die Wanderschaft zum Ursprung des Spirkelbaches gemacht haben. Noch heute heißt die gefasste Quelle an der Straße von Spirkelbach nach Schwanheim „Pirmansborn".

Die Region Sickinger Höhe-Wallhalbetal gehörte einst zum Gebiet des „letzten deutschen Ritters" Franz von Sickingen, der seinen Sitz auf der Burg über Landstuhl hatte. Die Sickinger Höhe war die einstige Kornkammer der Pfalz und der kleine Bach Wallhalbe hatte viele Mühlräder zu drehen. In Landstuhl beginnt der als bequemer Wanderweg angelegte Mühlenweg und führt auf 25 Kilometern über Wallhalben nach Thaleischweiler-Fröschen an 13 Mühlen vorbei. Die meisten Mühlen des Tals haben ihren eigentlichen Zweck, das Mahlen von

Korn zu Mehl, längst eingestellt. Einige sind verfallen, andere wurden zu Ausflugsgaststätten. In der Wallhalber Mühle wurde der Müller zum Bäckermeister und backt nach alten Rezepten duftende Sechspfünder-Sauerteigbrote. Allein bei der Rösselmühle dreht sich das Mühlrad noch von außen sichtbar um Schrot als Viehfutter zu mahlen – und auf Anmeldung zur Demonstration für Besucher.

In reizvoller und geologisch interessanter Landschaft erschließt auf Herschberger Gemarkung im Odenbachtal ein Wasserschaupfad die Wechselwirkung zwischen Wald und Wasser. Der Wasserschaupfad ist als 5,5 Kilometer langer Rundwanderweg angelegt und führt am Bachlauf des Odenbachs entlang, vorbei an Sumpfwiesen,

Winterstimmung am Wasserschaupfad

Fischweihern und zahlreichen Quellvorkommen in den seitlichen Taleinschnitten. Die eigentliche Attraktion des Schaupfades ist der Kessel am Talende. Hier stürzt der Odenbach in kleinen Kaskaden über die Sandsteinfelsen herab, im Winter erstarren sie zu bizarren Eiszapfen. Mit Stegen, Brücken, einer Schutzhütte und Sitzgruppen wurde Platz zum Verweilen und Rasten geschaffen.

Über dem dünn geschichteten mürben Sandstein entlang des Odenbachs lagern harte Felsbänke mit rundlichen Einschlüssen. Der Volksmund berichtet, Franz von Sickingen habe sie als Kanonenkugeln verwendet. Häufig sind die Kugeln herausgewittert, so dass nur noch ihre Hohlformen zu sehen sind.

Wasserrad der Rösselmühle im Wallhalbetal

ALTE MÜNZ

Klemm das Restaurant übernommen und sich damit den Traum vom eigenen Haus erfüllt. Der Koch war den Stammgästen kein Unbekannter; bereits seit 1989 stand er in der Alten Münz am Herd und hat mit dazu beigetragen, dass sich das einstige Bistro zum renommierten Speiselokal wandelte. Dem sympathischen Paar ist es in kurzer Zeit gelungen, die Alte Münz zu einem Treffpunkt für Feinschmecker zu machen. Nach wie vor steht Küchenmeister Theo Klemm selbst am Herd und ist für jede Herausforderung gerüstet. Vielversprechend liest sich schon die reichhaltige handgeschriebene Speisekarte, die viermal jährlich wechselt. Da locken neben dem Menü der Woche Gourmet-Kreationen aus Fisch, Fleisch, Wild oder Geflügel, die auch dem anspruchsvollsten Genießer die Entscheidung schwer machen.

„Wild" nennt Theo Klemm seinen anspruchsvollen Kochstil, eigenwillig-pfiffig wollen wir ihn nennen. Er kauft saison- und marktorientiert ein und was er dann in seiner Küche aus den hochwertigen Grundprodukten zaubert, begeistert Gaumen und Augen. Ganz gleich, ob Regionales oder Internatio-

Viele Pirmasenser kennen die „Alte Münz" noch als Bistro, wo man sich bei kleinem Speiseangebot gern zu einem gemütlichen Plauderstündchen traf. Wer heute in der Alten Münz einkehrt, kommt um gut zu speisen. 1996 haben Theo und Sandra

Restaurant Alte Münz

Ecke Gärtner-/Ringstraße/
Münzgasse
66953 Pirmasens
Theo Klemm
Telefon   0 63 31/9 97 22
Telefax   0 63 31/22 96 77

Ruhetag: Sonntag

nales, immer ist alles hausgemacht und frisch zubereitet. Gemüse ist für den engagierten Koch nicht nur eine notwendige Beilage, er arrangiert es zu einem bunten Farbenspiel und gibt damit jedem Teller ein besonderes Aussehen.

Als passionierter Fischkoch hat sich Theo Klemm weit über Pirmasens hinaus einen Ruf erkocht und auch für Vegetarier und für kleine Gäste hält er ein reichhaltiges Angebot bereit. Selbst Nudelliebhaber haben in der Alten Münz die Qual der Wahl, ganz zu schweigen von den kalten und warmen Vorspeisen und den lukullischen hausgemachten Desserts. Vergessen wir nicht die Salate! Nicht nur Frauen begeistern sich für die gesunden Fitmacher, die der kreative Koch in den unterschiedlichsten Variationen zubereitet.

Ideal ist die Lage des Restaurants, nur einen Katzensprung vom Exerzierplatz, dem „Herzen" der Schuhmetropole, entfernt. Zahlreiche Stammgäste aus den nahegelegenen Geschäften und Büros finden sich täglich zum preisgünstigen Mittagsmenü ein und genießen neben der guten Küche auch die zwanglose Atmosphäre.

Zwischen zwei Stuben kann man wählen in der Alten Münz. Da ist im ersten Stock das Restaurant mit dem gemütlichen Kachelofen und der einladenden Theke, unten die ganz in hellem Holz gehaltene freundliche Bauernstube. Zur richtigen Begleitung des genussvollen Speisens hält Familie Klemm ein reichhaltiges Angebot von heimischen und internationalen Weinen bereit, aber auch die Liebhaber eines frischen regionalen Bieres kommen auf ihre Kosten.

In Mandelhülle gebackene Hähnchenbrust auf Currysoße mit Früchten

Zutaten:

4 Hähnchenbrüste à 160 g
50 g Mehl
2 Eier
100 g gehobelte Mandeln
50 g Butter

Currysoße:

25 g Butter
75 g Zwiebeln
1 Knoblauchzehe
100 g Apfel
20 g Curry
20 g Kokosflocken
0,5 l weißer Geflügelfond
10 ml Chilisoße
20 g Mango-Chutney
10 g Stärkemehl
0,1 l Vollrahm
Bananen, Äpfel, frisches Obst der Saison
Mehl, Ei, Semmelbrösel

Zubereitung:

Hähnchenbrust in Mehl, Ei und Mandeln panieren, bei schwacher Hitze in Butter beidseitig braten.
Zwiebeln und Knoblauch in Butter andünsten. Apfel beigeben und mitdünsten. Kokosflocken und Fond beifügen, 20 Minuten leicht sieden lassen. Chilisoße und Mango-Chutney dazugeben. Alles mixen und durch ein feines Drahtsieb passieren. Stärkemehl mit kaltem Geflügelfond anrühren, Soße binden. Kurz aufkochen, mit Rahm verfeinern und abschmecken.
Das frische Obst schälen und schneiden, Bananen und Äpfel panieren und ausbacken, zusammen mit dem restlichen Obst auf die Hähnchenbrust garnieren.
Empfohlene Beilage: Basmatireis und Blattsalate im Balsamicodressing.

HOTEL-RESTAURANT KUNZ

Terminkalender verweist auf die speziellen Ereignisse im Jahreslauf. Das Hotel-Restaurant in Winzeln und der Name Kunz wurden zum Inbegriff für gepflegte Gastlichkeit.

Die Restauranträume und die Sommerterrasse bieten den richtigen Rahmen für jede Art von Einkehr, ob zum Geschäftsessen, zum Familienfest mit Verwöhn-Effekt oder zum festlichen Menü bei Kerzenschein. An der Bar trifft man sich zum Plaudern, zum Aperitif oder zum Schlummertrunk als Ausklang eines gemütlichen Abends. Geschmackvoll eingerichtete Zimmer laden auch zum längeren Verweilen im Vier-Sterne-Haus ein, Entspannung versprechen ein wohltemperiertes Hallenbad und die Sauna.

Eric Kunz führt inzwischen das Haus in der dritten Generation. In renommierten Häusern hat er sich auf die erfolgreiche Leitung des Familienbetriebs vorbereitet, 1992 kehrte er an den elterlichen Herd

Hotel-Restaurant Kunz

Bottenbacher Straße 74
66954 Pirmasens-Winzeln
Familien Kunz
Telefon 0 63 31 / 8 75 - 0
Telefax 0 63 31 / 8 75 - 125
E-Mail info@hotel-kunz.de
www.hotel-kunz.de

Ruhetag: Freitag, Samstag Mittag

Im dörflich geprägten Pirmasenser Ortsteil Winzeln erwartet den Gast ein komfortables Hotel-Restaurant. Geschäftsleute, Urlauber und Wochenendgäste werden mit attraktiven Arrangements verwöhnt. Ein kulinarischer

zurück und gibt nun die Richtung vor im gut eingespielten Küchenteam. Die neue deutsche Küche hat für ihn einen hohen Stellenwert, leicht und gehoben bietet er sie an, auch mal in außergewöhnlichen

Kompositionen, mit mediterranem Einschlag und französisch inspirierten Finessen – Frankreich ist nicht weit!
Hochwertige Grundprodukte sind die Voraussetzung für seine Kreationen; alles wird frisch zubereitet und so angerichtet, dass es auch das Auge erfreut. Feinkostprodukte, Geflügel, Lamm, Fisch und Rohmilchkäse bezieht der engagierte Koch aus Frankreich. Wild liefert die eigene Jagd, nuancenreiche Gewürze und Kräuter bilden schmackhafte Kontrapunkte. Mit seiner feinen weltoffenen Küche, deren ausgezeichneter Ruf sich weit über die Region hinaus herumgesprochen hat, wurde das Hotel-Restaurant zum beliebten Ziel für Feinschmecker und Genießer. Der hohe Qualitätsanspruch des Hauses setzt sich in der Auswahl der Weine von deutschen und internationalen Spitzenweingütern fort.

Der Komfort der Gästezimmer, die Qualität der Küche und der erstklassige Service führten zu lobender Erwähnung in einschlägigen Hotel- und Restaurantführern. Solcher Erfolg kommt nicht von ungefähr, Fleiß und Können der ganzen Familie tragen dazu bei. Noch immer macht die Seniorchefin Luitgard die Honneurs und prägt das Haus mit geschmackvollen Dekorationen und liebevoll arrangiertem Blumenschmuck im eigenen Stil. Seniorchef Joachim kümmert sich unbürokratisch um die Hotelreservierung und findet für jeden Gast ein freundliches Wort. Erics charmante Ehefrau leitet mit Kompetenz und Feingefühl den Service und berät mit bemerkenswertem Sachverstand bei der Auswahl der Weine.

Gebratene Gänsestopfleber mit Pflaumen und Ingwer

Zutaten:

400 g Gänsestopfleber (8 x 50 g)
16 Pflaumen
50 g Ingwer
0,1 l Apfelsaft
etwas Mehl, Salz, Pfeffer
Fleur de sel
(Mineralsalz aus Feinkostgeschäft)
0,2 l Crème de Cassis
0,5 Liter Dornfelder Rotwein
80 g Zucker
Blattpetersilie

Zubereitung:

Für die Pflaumensoße Zucker in einem Topf karamellisieren, mit Dornfelder ablöschen. Crème de Cassis zugeben und aufkochen. Die Pflaumen entkernen, vierteln und in die Soße geben, 5 Minuten ziehen lassen.
Den Ingwer schälen und in kleine Würfel schneiden. Zucker karamellisieren, Ingwer dazugeben, mit Apfelsaft ablöschen und 5 Minuten köcheln lassen.
Die Gänsestopfleberscheiben mehlieren und kurz auf beiden Seiten scharf anbraten, mit Salz und Pfeffer würzen, gleich anrichten, mit etwas Fleur de sel bestreuen. Die Pflaumen mit Soße und Ingwer in einen tiefen Teller geben, darauf die gebratene Leber legen und mit Blattpetersilie dekorieren.

ZUM SCHNAPSKELLER

Gasthaus
Zum Schnapskeller

Edelfeinbrandbrennerei und Obstbau
Fliegenbuscher Weg 3
66504 Bottenbach
Familie Weber
Telefon   0 63 39 / 72 59
Telefax   0 63 39 / 74 59

Kein Ruhetag

Im kleinen Weiler Bottenbach unweit von Pirmasens betreibt Familie Weber eine Landwirtschaft mit Ackerbau, Schweinen und Weiderindern. Außerdem gehören 5 Hektar Obst dazu, das Gerhard Weber in der eigenen Brennerei in hochwertige Destillate verwandelt. Die Söhne Manfred und Frank traten in die Fußstapfen des Vaters und erwarben ebenfalls Diplome als Branntmeister. Webers hatten weitere Pläne. Ein Stall wurde umgebaut zu einer rustikalen Gaststube und einem hellen freundlichen Nebenzimmer für größere Gesellschaften. Bei sommerlichen Temperaturen lädt ein großer Biergarten zum Verweilen – der „Schnapskeller" war geboren. Er wurde ein voller Erfolg und ist längst in der ganzen Region bekannt.

Was macht den Charme des kleinen Lokals aus, wie kommt es, dass Tag für Tag nahezu alle Tische belegt sind, und dies das ganze Jahr über? Es liegt zum einen an der gemütlich-lockeren Atmosphäre, zum anderen am Angebot. Die Atmosphäre schafft die Familie. Manfred und Frank teilen sich brü-

derlich die Aufgaben in Küche und Service. Steht der eine am Herd, bedient der andere im Lokal. Am nächsten Tag tauschen sie die Rollen – und dies sieben Mal in der Woche. Mutter Brigitte hilft kräftig mit und ebenso legt Manfreds Ehefrau Sabine Hand mit an, wenn es ihre Mutterpflichten erlauben. Im Schnapskeller erwartet man kein Feinschmecker-Menü, da kehrt man ein, wenn einem der Sinn nach solider Hausmannskost, nach Kräftig-Deftigem steht. Auf den Tisch kommt, was in der Landwirtschaft erzeugt wird. Erstaunlich ist das Verhältnis von Preis und Leistung: Speisen und Getränke sind so niedrig kalkuliert, dass auch größere Familien unbesorgt bei Webers einkehren können, ohne den Geldbeutel zu strapazieren. Einen gesunden Hunger sollte man schon mitbringen, wenn man sich den Schnapskeller zum Ziel wählt, die Portionen sind gewaltig. Was man nicht verzehren kann, darf man sich mitgeben lassen, Verpackungsmaterial liegt immer bereit. Scheut man als Autofahrer den selbst destillierten Brand, den man als Digestif gut vertragen könnte, ersteht man einfach eine Flasche von Webers hochprämierten

Schnäpsen oder Likören, die ebenfalls zu äußerst moderaten Preisen angeboten werden. Ganz nebenbei kann man sich noch mit Dosenwurst, Kartoffeln und Äpfeln eindecken oder Honig und duftende Bienenwachskerzen aus der Hobby-Imkerei erstehen. Auch der reine Apfelsaft von Webers eigenen Äpfeln ist bei den Kunden sehr beliebt.

Eine Einkehr im Schnapskeller lohnt sich an jedem Wochentag. Montag, Dienstag und Mittwoch bietet Familie Weber kalte Vesper, von Donnerstag bis Sonntag sind auch warme Speisen zu haben. Berühmt und bekannt in der ganzen Gegend ist der Schnapskeller für seine Schnitzel. In verschiedenen Varianten werden sie angeboten, jeweils als kleine und als große Portion.

Ein knackiger Salat gehört immer dazu, als Beilagen kann man Pommes Frites, Kroketten oder Brot wählen.

Wenn Webers in den kühlen Monaten donnerstags zum Schlachtfest laden, sollte man rechtzeitig reservieren. Dann kann man nach Herzenslust all die Pfälzer Köstlichkeiten schlemmen: den Saumagen, die Leberknödel, die Bratwurst und die frischen Blut- und Leberwürste. Zur Einstimmung gibt's zu jedem Gericht einen Teller „Worschtsupp" gratis.

Stammgäste wissen das Qualitätsfleisch von Webers Weiderindern zu schätzen und scheuen auch eine weitere Anfahrt nicht, wenn an den Freitagen – über Sommer auch donnerstags – im Schnapskeller Steaktag angesagt ist.

Gemeinsam genießen die Gäste, was Webers an Urigem und Speziellem zu bieten haben. Da fachsimpeln die Einheimischen am Stammtisch oder lassen sich an der Theke ein schnelles Bier zapfen – fünf verschiedene Fassbiere führt der Schnapskeller im Angebot. Der Firmenchef kommt mit dem Rentner ins Gespräch, der Biker mit dem Fahrer der Nobelkarosse, dazwischen sitzen Familien mit Kindern – und alle fühlen sich wohl und gut bedient und kommen gern wieder.

KLOSTER HORNBACH

Mit modernster Technik ausgestattete Tagungsräume in unterschiedlicher Größe entsprechen auch den höchsten Ansprüchen. Zur Entspannung und zum körperlichen Ausgleich lädt die BadeLust mit Schwimmbecken, Sauna und Dampfbad ein. Brautpaare aus ganz Deutschland stellen den Beginn ihrer Ehe unter den Segen Pirmins und lassen sich im hauseigenen Standesamt und in der Hochzeitskapelle trauen. Nach dem Ja-Wort führt der Weg gleich zur stilvollen Feier im Kloster Hornbach. Bestens eingerichtet ist man auf Bankette, Geschäftsessen und Feiern aller Art – alles wird perfekt nach den Wünschen der Gäste organisiert. Geschäftsreisende finden in den komfortablen inspirierenden Themenzimmern ein Zuhause auf Zeit. Für all jene, die Entspannung suchen um wieder fit für den Alltag zu werden, hat das „Hotel für Leib und Seele" das Richtige zu bieten. In der Klosterküche führt Holger Rösch Regie. In Sternehäusern hat er gearbeitet; das besondere Ambiente ist für ihn Verpflichtung, aus Küche und Keller nur Erlesenes anzubieten. Er pflegt eine neuzeitliche kräuterreiche Küche mit traditionellen Rezepten und weiß auch internationale

Kloster Hornbach

Im Klosterbezirk
66500 Hornbach
Christiane und Edelbert Lösch
Telefon   0 63 38 / 9 10 10 - 0
Telefax   0 63 38 / 9 10 10 - 99
E-Mail   Info@Kloster-Hornbach.de
www.kloster-hornbach.de

Ruhetag: Montag
(Restaurant ProVence)

$\mathcal{D}$ie zerfallenen Überreste eines über 1250 Jahre alten Klosters fanden Christiane und Edelbert Lösch vor, als sie zum ersten Mal nach Hornbach kamen. Was sie damals vor ihrem geistigen Auge sahen, ist inzwischen Wirklichkeit geworden. Im März 2000 öffnete das Kloster Hornbach erneut seine Pforten. Das Kulturdenkmal blieb erhalten und birgt im historischen Ambiente eine Hotelanlage, in der man nach allen Regeln der Gastfreundschaft verwöhnt wird. Das Besitzerehepaar bringt ein fundiertes Fachwissen mit fürs richtige Management und für den einfühlsamen Umgang mit Menschen.

„Ora et labora in convice" – beten und arbeiten in Gemeinschaft – lautete die Ordensregel der Benediktinermönche. Christiane und Edelbert Lösch machten sie, modern interpretiert, zur Maxime ihres Hotels: Konzentriert arbeiten, gesellig sein, gut essen und trinken, viel Kultur und eine schöne Natur ringsum. Einst war hinter Klostermauern Askese angesagt, heute dient Kloster Hornbach weltlicher Einkehr.

Akzente zu setzen. Seine frischen und sorgfältig ausgewählten Zutaten bezieht er, wenn irgend möglich, aus dem Umland und aus dem nahen Lothringen. Die Kräuter pflückt er im wiederbelebten Kräutergarten, den der berühmte Botaniker, Pfarrer und Arzt Hieronymus Bock im 16. Jahrhundert persönlich angelegt hatte.

Was der ambitionierte Koch anbietet, ist leicht, abwechslungsreich und der Saison entsprechend. Das gilt für das wöchentlich wechselnde Menü genau so wie für exquisite Spezialitäten aus Fleisch und Fisch. „ProVence" nennt sich das Restaurant im Gewölbe des Haupthauses in Anlehnung an die kräuterreiche Küche in Frankreichs Süden. Bei schönem Wetter wird auch im Innenhof des Klosters serviert. Rustikaler geht es in der Klosterschänke mit dem angrenzenden Biergarten zu. Dort gibt es

eine kleine Karte, doch auch in der Schänke ist das hohe kulinarische Niveau der Klosterküche garantiert.

Schaumsüppchen von frischen Kräutern aus dem Klostergarten mit gegrillter Riesengarnele

Zutaten:

4 Riesengarnelen
2 Schalotten
20 g Sellerie
40 g Lauch
50 g frische Butter
1 l Gemüsefond
150 g Kräuter (Kerbel, Blattpetersilie, Sauerampfer, Oregano)
0,1 l Riesling
80 g geschlagene Sahne
40 g gekühlte Butterwürfel

Zubereitung:

Kräuter zupfen, Stiele beiseite legen, Blätter waschen, abtropfen lassen und fein hacken.

Schalotten, Sellerie und Lauch mit der Butter farblos anschwitzen. Mit Geflügelfond auffüllen und die Stiele hinzufügen. Alles zusammen auf die Hälfte reduzieren und passieren.

Die Kräuterblätter mit dem Riesling im Mixer pürieren und zu dem aufkochenden passierten Fond geben. Mit Sahne und Butterwürfeln aufmixen und in die Suppenteller verteilen.

Die gegrillten Riesengarnelen in die Suppe geben und mit einem frittierten Kräuterblatt garnieren.

LANDGASTHOF WEIHERMÜHLE

idyllischen Biergarten, wo der frisch-
gezapfte Gerstensaft gleich noch mal so gut
schmeckt.

Als romantischer Weiher wurde der ehemalige Fischteich wiederum neu angelegt. An
schönen Sonn- und Feiertagen ist der Kiosk
am großen Parkplatz geöffnet. Wanderer,
Familien mit Kindern oder eilige Gäste können sich mit Flammkuchen, Bratwurst, Eis
und Getränken versorgen und an rustikalen
Bänken und Tischen Platz nehmen.

Zur großen Freude der Kinder gibt es neben
dem großen Spielplatz vom 1. April bis
31. Oktober als zusätzliche Attraktion noch
Ponyreiten. Montags und dienstags – außer
an Feiertagen – machen die Vierbeiner eine

Landgasthof Weihermühle

Weihermühle 1
66987 Thaleischweiler-Fröschen
Sascha Gärtner, Axel Schumacher
Telefon   0 63 34 / 55 84
Telefax   0 63 34 / 21 48
www.landgasthof-weihermuehle.de

Kein Ruhetag

Die Region Wallhalbetal-Sickingerhöhe
im Westen des Pfälzerwaldes gehört zu den
ältesten Kulturlandschaften Deutschlands
und spricht als Wandergebiet Menschen an,
die Ruhe und Erholung suchen. An der
Wallhalbe führt der Mühlenweg entlang,
wie Perlen säumen 13 Mühlen die 25 km
lange Wanderstrecke. Einige drohen zu
verfallen, andere wurden zu Ausflugsgaststätten. Unser Ziel ist heute die etwas
abseits vom Mühlenwanderweg liegende
vierzehnte Mühle, der Landgasthof Weihermühle. Vor mehr als 550 Jahren wurde sie
von den Leininger Grafen an einem Fisch-
weiher erbaut; vom einstigen Mühlenbetrieb
blieb nur der Name.

Im Hauptgebäude wird seit 1928 eine Gastwirtschaft betrieben. In der zweiten Hälfte
des vergangenen Jahrhunderts wurde sie
nach und nach umgebaut und hat sich im
letzten Jahrzehnt unter der Leitung von
Sascha Gärtner zu einem Landgasthof
entwickelt mit allem, was dazugehört: mit
gemütlichen Gästezimmern, in denen man
weitab vom Lärm ungestörte und erholsame
Nächte verbringen kann, mit reichhaltiger
gutbürgerlicher Pfälzer Küche und einem

wohlverdiente Pause. Sollte das Wetter mal gar nicht mitspielen wollen, wartet im Lokal eine Spielecke auf die kleinen Gäste.
Seit Januar 2000 kümmert sich Axel Schumacher um die Küche und ums Weihermühlenteam. Der gelernte Koch aus dem Südschwarzwald sorgt seinerseits dafür, dass der Landgasthof ein beliebtes Ausflugsziel für Jung und Alt ist. Er beherrscht die ländlich-deftige bürgerliche Pfälzer Küche wie ein Einheimischer. Fleisch, Gemüse und das meiste, was er sonst braucht, bezieht er aus der Umgebung.
Mancher Stammgast richtet seine Freizeitaktivitäten nach dem kulinarischen Wochenplan des Landgasthofs aus. Montags ist Steaktag, an Dienstagen und Samstagen sind „Hoorische Knepp" mit Specksoße die Favoriten, mittwochs ist das ganze Jahr

über Schlachtfest. An Freitagen kommen viele Gäste extra wegen der „Grumbeersupp" und den Dampfnudeln mit Vanille- und Weinsoße, Donnerstag ist Flammkuchentag nach original Elsässer Rezept.
Ein kulinarischer Kalender macht auf die speziellen Veranstaltungen aufmerksam, die Flammkuchenabende, die Spanferkelbüfetts, die Italienischen Abende und die Spezialitäten vom Holzkohlengrill auf der Terrasse. Die hausgebackenen Kuchen richten sich nach der Jahreszeit. Gesellschaften und Gruppen können im Nebenraum zünftige Feste feiern. Sollte man bei all den gebotenen Genüssen mal zu viele Kalorien erwischt haben: der große Parkplatz am gut besuchten Landgasthof ist Ausgangspunkt für den 5,5 Kilometer langen Rundwanderweg am reizvollen und geologisch interessanten Wasserschaupfad im Odenbachtal.

Hoorische Knepp mit Specksoße

Zutaten:

1 kg rohe Kartoffeln
500 g am Vortag gekochte Kartoffeln
2 große Eier
Kartoffelstärke
Salz
125 g Sahne
125 g Schmand
Salz, Pfeffer, Kräuter nach Geschmack
100 – 120 g Speck

Zubereitung:

Die rohen Kartoffeln schnell reiben und in einem Tuch gut ausdrücken. Die gekochten Kartoffeln ebenfalls reiben und alle Zutaten zu einem Teig verarbeiten. Mit angefeuchteten Händen Klöße formen und in reichlich Salzwasser 15 – 20 Minuten garziehen lassen.
Sahne, Schmand und Gewürze gut verrühren. Speck würfeln und auslassen.
Die Klöße auf Teller legen, zuerst die Soße und dann die Speckwürfel darübergeben. Mit Salatblatt, Tomaten und Petersilie garnieren.

WESTRICH UND KUSELER MUSIKANTENLAND

Die Lauter, die bei Lauterecken in den Glan mündet, teilt das Pfälzer Bergland in den westlich der Lauter gelegenen Westrich und das Nordpfälzer Bergland im Osten. „Das Glantal ist das schönste des Westrichs ... es bietet bei jeder Krümmung ein anmutiges Landschaftsbild, da zahlreiche friedliche Dörfchen dicht beieinander im prächtigen Wiesengrund liegen", schwärmte der Heimatdichter und Pfalzreisende August Becker Mitte des 19. Jahrhunderts. Weiter heißt es: „Hoch trägt der Potzberg seine waldige Kuppe als einer der mächtigsten pfälzischen Berge über die idyllische Glangegend, ein Beherrscher des Westrich".

Noch immer macht die abwechslungsreiche Gegend ihrem Ruf als idyllisches Ferienziel alle Ehre. Burgruinen, romanische Dorfkirchen, gotische Flurkapellen und viele andere Sehenswürdigkeiten warten darauf, erkundet zu werden. Heute wie einst lässt sich das „bucklige Land" vom 562 Meter hohen Potzberg am besten überschauen; auf dem „König des Westrichs" erstreckt sich inzwischen ein ausgedehnter Wildpark mit Streichelwiese und Falknerei.

Hoch über dem Glantal, zwischen Altenglan und Theisbergstegen, erinnert die Remigiuskirche an die bedeutende Benediktinerabtei, die Mönche aus Reims im 12. Jahrhundert dort auf Grund und Boden gründeten, den Frankenkönig Chlodwig dem Heiligen Remigius geschenkt haben soll. Die Grafen von Veldenz hatten die nur noch als Ruine vorhandene Michelsburg auf dem selben

Im Musikantenland-Museum auf Burg Lichtenberg

Links: Burg Lichtenberg bei Kusel.
Rechts: Draisinenfahrt bei Lauterecken.

Berg einst widerrechtlich errichten lassen.
Die Mönche kauften sie und benutzten die
Steine als Baumaterial.

Ebenfalls ohne Genehmigung hatten die
Herren von Veldenz auf Klostergrund um
1200 Burg Lichtenberg als riesige Trutzfeste
erbaut. Sie wurde nie vom Feind eingenom-
men, erst ein Brand vor etwa 200 Jahren
machte sie zur Ruine. Die mächtige Anlage
entstand aus zwei getrennten Burgen auf
dem Lichtenberg, die später durch eine
Ringmauer zusammengeführt wurden. Mit
425 Metern Längsschnitt zählt die imposante Ruine zu den größten Burganlagen
Deutschlands. Die wiederaufgebaute Zehnt-
scheuer birgt heute gleich drei Museen: ein
naturkundliches, ein geologisches und das
einzigartige Musikantenland-Museum.
Anschaulich dokumentiert es die Geschichte
des Wandermusikantentums in der
Westpfalz mit originalgetreu nachgebildeten
Szenen aus dem Leben der Musiker und
ihrer daheim gebliebenen Familien.
Gemächlich wurde damals gereist – geruhsam
kann man sich auch heute wieder durchs
malerische Glantal bewegen, auf insgesamt
40 Kilometern von Altenglan bei Kusel bis
Staudenheim im Nahetal – oder umgekehrt.

Gefahren wird in den Sommermonaten auf
einer stillgelegten Bahntrasse mit einer
Fahrrad-Draisine, den ganzen Tag in eine
Richtung ohne Gegenverkehr. An fest eingerichteten Haltestellen kann man die
Draisine abstellen, wandern, rasten oder
eines der versteckten Kleinode besichtigen.
Viele gut ausgeschilderte Wanderwege
führen durch die Westpfalz.

Nicht mit den üblichen Hinweisschildern ge-
kennzeichnet ist die „Kulinarische Landstraße".
Sie steht symbolisch für ein Gemeinschafts-
projekt, zu dem sich direktvermarktende
landwirtschaftliche Betriebe und einzelne

Gastronomen aus dem Kuseler Musi-
kantenland zusammengeschlossen
haben, um den Köstlichkeiten aus
der Region ein gemeinsames Symbol
zu geben. Die Erzeuger und Anbieter
unterziehen sich auf freiwilliger Basis Kontrollen, um dem Verbraucher
naturnah und schonend erzeugte
Produkte und artgerechte Tierhaltung
zu garantieren. Gute-Laune-Touren
für Genießer verbinden Einkauf
beim Erzeuger, landwirtschaftliche
Erlebnisangebote, Gaumenfreuden
und Sehenswürdigkeiten.

Blick von Burg Lichtenberg ins Kuseler Land

DAMWILDSPEZIALITÄTEN GROS

Damwildspezialitäten

Katzenbacher Straße 11
66909 Nanzdietschweiler
Friedrich Gros
Telefon   0 63 83 / 2 89
Telefax   0 63 83 / 73 85

Bereits um 4000 vor unserer Zeitrechnung hielten Völker des östlichen Mittelmeerraums Damwild als Opfertiere. Im Mittelalter war es in ganz Europa als Parkwild verbreitet und bevölkerte vor allem als Fleischlieferant die Gehege der Könige und Fürsten. In freier Wildbahn wurde Damwild erst im 19. Jahrhundert nachgewiesen. Heute wissen Kenner und Anhänger gesunder Ernährung, die auf Fleisch als Eiweißlieferant trotz aller Lebensmittelskandale nicht verzichten möchten, das fettarme und dennoch saftige kurzfasrige Wildfleisch wohl zu schätzen. Damwildhaltung in landwirtschaftlichen Gehegen wurde zum neuen Produktionszweig und stellt eine Alternative dar zur extensiven Nutzung von Grünflächen.

Seit nahezu einem Vierteljahrhundert befasst sich Friedrich Gros in Nanzdietschweiler mit der Damwildzucht. Als Hobby hatte er sie zunächst begonnen mit 10 Tieren und 2,4 Hektar Grünland, aus Liebe zur Natur und zu den grazilen Tieren. Längst hat Friedrich Gros die Damwildzucht zum Beruf gemacht und betreibt sie mit viel Fachwissen und Einfühlungsvermögen zusammen mit seiner Frau Gudrun und Tochter Doris; seine

Erzeugnisse vermarktet er selbst. Auf etwa 80 Muttertiere und drei Hirsche ist sein Bestand inzwischen angewachsen, dazu gehören 12 Hektar Weideland. Jährlich muss ausgesondert und reduziert werden, denn die EU-Vorschrift lässt je Hektar Land nur sieben Tiere zu.

Friedrich Gros ist Mitglied im Verband „Damwildfarming Mitte West" und in der Erzeugergemeinschaft für Damwild. Außerdem hat er sich freiwillig den Produktionsrichtlinien des Landes für artgerechte und umweltschonende Damwildhaltung angeschlossen. Die Einhaltung wird von der Agrar-Marketing-GmbH Rheinland-Pfalz kontrolliert und Familie Gros hat für ihren mustergültig geführten Betrieb bereits eine verdiente Auszeichnung erhalten.

Das ganze Jahr über äst das Rudel im weitläufigen Gehege auf klee- und kräuterreichen Wiesen mit natürlichem Baum- und Strauchbewuchs als Wetter-und Sichtschutz. Nur im Winter werden Heu, Hafer, Kastanien und Klee beigefüttert. Die artgerechte Haltung sorgt für beste Fleischqualität mit einem feinen Wildaroma und würzigem Geschmack.

Damwild, auch wenn es im Gehege lebt, ist und bleibt Wild und wird bei Gros auch so behandelt. Im Alter zwischen 15 und 18 Monaten haben die Jungtiere ein Schlachtgewicht von 20-25 kg und damit die richtige Reife erreicht. Nach dem Abschuss erfolgt die weitere Versorgung auf dem Hof. Eine hochmoderne Station hat Friedrich Gros eingerichtet mit Schlacht-

haus, Kühlräumen und einer Verkaufstheke. Sind die Tiere ausgenommen, bleiben sie einige Tage zur Auskühlung „in der Decke" – sprich im Fell – hängen und werden dann waidmännisch zerlegt. Als ganze oder halbe Tiere, auf Kundenwunsch auch in kleineren Stücken, wird das gesunde ohne Medikamente und Wachstumsförderer erzeugte Fleisch vermarktet – als Frischfleisch, vakuumverpackt oder tiefgefroren. Was nicht in den Fleischverkauf geht, verarbeitet ein örtlicher Metzger zu Salami und verschiedenen anderen Wurstsorten.

Salami, Wurst im Glas und luftgetrockneter Schinken sind bei Familie Gros das ganze Jahr über zu haben, Frischfleisch eben nur dann, wenn ein Tier erlegt wurde. Alles, was in Nanzdietschweiler hergestellt wird, stammt von den eigenen Tieren. Wer dort einkauft, weiß, dass er nur erstklassige Ware erhält. Feste Verkaufszeiten hat Friedrich Gros nicht. Stammkunden wissen das und melden sich telefonisch an.

Gros beliefert mit seinem hochwertigen Fleisch die Gastronomie und stellt seine Wildspezialitäten auf regionalen Märkten und Messen vor. Eine Damwildsalami ist inzwischen zum festen Bestandteil der „Pfalzkiste" geworden. Manch fröhliches Fest wurde schon in der gemütlichen Probierstube am offenen Kamin bei Friedrich Gros gefeiert. Bei einem guten Tropfen kann man die Damwildspezialitäten kosten. Selbst der rheinland-pfälzische Ministerpräsident Kurt Beck ließ sich schon bei Familie Gros bewirten.

GEFLÜGEL VOM WOLFSBORNERHOF

Grün und freier Natur. Familie Seyler erbaute ihn 1967 als Aussiedlerhof im Gewann Wolfsborn, das auch als Namensgeber Pate stand. Zum Hof gehörten 23 Hektar Felder und Wiesen, Schweine und Mastvieh. Tochter Brigitte heiratete den Bauzeichner Hans-Werner Buch; nach dem Tod von Frau Buchs Eltern wurde die Landwirtschaft aufgegeben.

Als seine Firma schließen musste, war Hans-Werner Buch gezwungen, sich nach einer anderen Erwerbsquelle umzusehen. Der Hof war da, viel freies Feld ringsum – und „Alles Gute von der Pute" heißt es seit Mitte der 90er Jahre des letzten Jahrtausends auf dem Wolfsbornerhof, denn das beliebteste Geflügel der Amerikaner gewinnt auch bei uns immer mehr Freunde. Brigitte und Hans-Werner Buch machten sich kundig über die Haltung der großen Vögel, ihre fachgerechte Zerlegung, die Weiterverarbeitung und die Vermarktung. Zu den Puten kamen im Laufe der Jahre Hühner und Hähnchen, Enten und Gänse, um der steigenden Nachfrage der Kunden nach Geflügel gerecht zu werden.

Geflügel, das weiß man heute, spielt für die gesunde Ernährung eine ungemein wichtige

𝔇on Herchweiler im Ostertal folgen wir der Ausschilderung zum Wolfsbornerhof, die Straße geht in einen Feldweg über, wird schmaler. Haben wir uns verfahren? Schließlich sehen wir ihn vor uns liegen, den Wolfsbornerhof, umgeben von viel

𝔓uten und Geflügel
𝔚olfsbornerhof

66871 Herchweiler i.O.
Familie Buch
Telefon 0 63 84 / 3 43

Rolle, denn es enthält viel Eiweiß, Vitamine und Mineralstoffe und – abgesehen von den Festtagsbraten Ente und Gans – wenig Kalorien. Es kann auf hunderterlei Arten köstlich zubereitet werden und ist, als Ganzes oder in Teile zerlegt, zur Selbstverständlichkeit auf dem Speisezettel geworden.

Noch immer liegt der Schwerpunkt von Buchs Geflügelfarm auf den Puten. Diese tummeln sich das ganze Jahr über auf dem Wolfsbornerhof, robuste schwarze Kelly- und Bronzeputen mit gesunden Knochen und die im Fleisch ergiebigeren kanadischen Breitbrustputen. Dazu kommen langsam wachsende Masthähnchen mit festem Fleisch und Enten. Ab Mai schnattert dann auch

eine große Gänseherde auf den Wiesen beim Wolfsbornerhof. Das weiße Federvieh hat dann zwischen Martini und Weihnachten das ideale Schlachtgewicht erreicht.

Als 6-7 Wochen alte Küken beziehen Buchs das Geflügel aus Norddeutschland. Artgerecht gehalten, wächst es dann auf grünen Weideflächen und Wiesen auf, bei schlechter Witterung in großen offenen Scheunen und Ställen. Verfüttert werden Hafer, Mais und Hülsenfrüchte. Donnerstags wird auf dem Wolfsbornerhof geschlachtet; dies erledigt gekonnt und routiniert Hans-Werner Buch im eigenen Schlachthaus. Am Freitag und Samstag stellen sich die Kunden ein, um ihr meist telefonisch vorbestelltes Schlachtpaket abzuholen.

Ganze Puten mit dem stattlichen Gewicht von 15-17 kg kann man erstehen, zarte Babyputen von 2-3 kg oder verzehrgerechte Teilstücke, die auch zum Kurzbraten und Grillen geeignet sind wie Keulen, Brust, Filets und Steaks. Die Nachfrage nach dem kalorienarmen Putenfleisch ist das ganze Jahr über groß, die magere Putenwurst und die geräucherte Putenbrust finden bei den Anhängern einer gesunden Ernährungsweise immer mehr Liebhaber. Auf den Bauernmärkten in Kusel, Ramstein und Birkenfeld verkaufen Buchs ihre Geflügelprodukte und auch die gehobene Gastronomie des Umkreises deckt ihren Bedarf auf dem Wolfsbornerhof.

Der absolute Hit ist die ganze im Steinbackofen gebratene Pute mit einer pikant gewürzten Füllung aus Semmeln, Lauch, Zwiebeln, Eiern und Innereien. Hans-Werner Buch liefert sie auf Wunsch fix und fertig zubereitet ins Haus – der Erfolg einer Party ist damit schon beinahe gesichert!

Familie Buch hat noch weitere Pläne. Ein Gasthaus soll entstehen auf dem Wolfsbornerhof, ein Restaurant mit etwa 80 Plätzen. Täglich sollen dort die Gäste bewirtet werden – selbstverständlich werden auf der Speisekarte vorwiegend Geflügelgerichte zu finden sein. Und wer wird am Herd stehen und all die leckeren und gesunden Geflügelspezialitäten zubereiten? Natürlich der Chef selbst!

SILENCEHOTEL REWESCHNIER

August statt des geforderten Hirschbocks einen Hirschkäfer – wegen seines „Geweihs" in der Gegend Bock oder Reweschnier genannt – geliefert hatten. Der Eulenspiegelstreich brachte den Blaubachern ihren Spitznamen ein. Die Geschichte des gleichnamigen Hotels reicht nicht so weit in die Vergangenheit zurück. Karl-Heinz Clos erbaute 1984 am Ortsrand von Blaubach eine gepflegte Hotelanlage, die sich harmonisch in die idyllische Landschaft fügt und alle Kriterien eines Silencehotels erfüllt. Für einen angenehmen Aufenthalt bürgt die herzliche Gastfreundschaft der Familie. Noch immer kümmert sich Senior Karl-Heinz Clos persönlich um die Gäste und steht meist selbst an der Rezeption. Zur Hand gehen ihm Tochter Sonja und ihr Ehemann, sie als charmante Gastgeberin für Service und Hotel, er als kompetenter Sous-Chef. Fürs kulinarische Verwöhnen sorgt bestens der kreative Juniorchef Jürgen Clos mit Ehefrau und Partnerin am Herd Anja. Nach Lehr- und Wanderjahren durch bekannte Häuser in Deutschland und der Schweiz kehrte er 1991 ins Reweschnier zurück.

Er pflegt nicht nur die herzhafte Landesküche, sondern überrascht selbst Stamm-

𝔘nsere kulinarische Entdeckungsreise bringt uns zum Silencehotel Reweschnier im nur 2 Kilometer von Kusel entfernten Blaubach. Zuerst fragen wir nach dem ungewöhnlichen Namen. „Reweschnier" werden die Blaubacher genannt, seit sie dereinst ihrem Landesherrn Herzog Karl

Hotel Restaurant Reweschnier

Kuseler Straße 5
66869 Blaubach
Familie Clos
Telefon   0 63 81/92 38 - 00
Telefax   0 63 81/92 38 - 80
E-Mail   Info@reweschnier.de
www.reweschnier.de

Kein Ruhetag

gäste mit Erlesenem und internationalen Spezialitäten für besondere Anlässe. Er kocht, was die Jahreszeit hergibt, aus besten und frischen Grundprodukten und orientiert sich dabei an den Möglichkeiten des regionalen Marktes. Die würzigen Kräuter für die richtigen Aromen stammen aus dem eigenen Garten. Der Blick auf die vielseitige Speisekarte verheißt Gutes, doch sollte man die persönliche Empfehlung für tagesfrischen Fisch, für Wild und Geflügel nicht außer Acht lassen. Zum unvergesslichen Erlebnis wird ein von Jürgen Clos am Tisch vor den Augen der Gäste zubereitetes traumhaftes Dessert. Dass unter der Regie des diätisch geschulten Kochs und Küchenmeisters das Vegetarische und die leichte Kost nicht zu kurz kommen, versteht sich beinahe von selbst. Auf die übers ganze Jahr angebotenen Spezialitäten-

wochen und Sonderarrangements freuen sich die Gäste schon lange vorher. Tagungs- und Gruppenräume mit modernster Technik geben den richtigen Rahmen für geschäftliche Anlässe, Workshops und Seminare. Für den täglichen Speisegast, für Feiern und Festlichkeiten oder für jene, die sich einfach mal etwas Besonders gönnen wollen, bieten die rustikale Pilsstube, das stilvoll-elegante Restaurant oder der neue große Bankettsaal das passende Ambiente. Zur Erholung und Entspannung laden Liegewiese, Sonnenterrasse, Sauna, Solarium und zwei Bundeskegelbahnen. Fast wie zu Hause fühlt man sich in den behaglichen Gästezimmern, die keinen Komfort vermissen lassen. Bestens geeignet für zünftige Feiern und Grillfeste ist die hoteleigene Blockhütte am Waldrand unterhalb der Burg Lichtenberg.

Musikantenland-Taschen

Zutaten:
Nudelteig:

1 Ei, 3 Eigelb
1/2 Teel. Olivenöl
1 Prise Salz
200 g Mehl

Füllung:

250 g Ziegenkäse
2 Eier
10 g italienische Kräutermischung
Kräuter der Provence
20 g geriebenes Weißbrot o. Rinde

Soße:

200 g Butter
60 g Gemüsewürfel (Brunaise)
60 g Zwiebelwürfel
10 g Kräutermischung
250 ml Sahne
50 g frisch geriebener Parmesan
50 g Tomatenwürfel
Salz, Pfeffer aus der Mühle
Zitronensaft

Zubereitung:

Aus den Zutaten einen Nudelteig bereiten und 30 Minuten kühl stellen. 1 mm dünn auswellen, mit der Käsemasse bestreichen, zusammenrollen und zu Taschen formen. Diese in kochendem Salzwasser 10 Minuten ziehen lassen.
Für die Soße Gemüse und Zwiebeln in Butter andünsten, die Kräuter zugeben, mit Sahne ablöschen und 2-3 Minuten köcheln lassen. Parmesan untermischen, aufkochen und abschmecken. Die Taschen in die Soße legen, Tomatenwürfel zufügen und vorsichtig durchrühren.

GASTHAUS BORN

Peter Born und seither ist der Gasthof, einer der ältesten der Westpfalz, in ununterbrochener Folge im Besitz von Familie Born. 1993 übernahmen Claudia und Peter Born das Gasthaus von ihren Eltern Robert und Ursula Born, die ihnen weiterhin mit Rat und Tat zur Seite stehen; auch der jüngste Sohn Dirk, ein gelernter Fleischer, ist stets zur Stelle, wenn Not am Mann ist.

Nach wie vor treffen sich im Gasthaus Born die örtlichen Vereine, tagt der Stammtisch, feiern Familien ihre Feste. Der geräumige Saal bietet den richtigen Rahmen für Empfänge und Großveranstaltungen, noch immer wird er gern genutzt für Kinderfasching, Bühnenauftritte und Tanzveranstaltungen, für Vorträge und Kochkurse. Am Gasthaus Born wird am 1. Sonntag im Juli der Kerwestrauß aufgesteckt, dort hält der Straußredner die Kerbred und dann wird kräftig Kerb gefeiert.

Bei Borns kochte man stets, was die Landwirtschaft brachte und die Region bot. Die Landwirtschaft ist aufgegeben, doch die Nachfahren sind dieser Tradition treu geblieben. Heute steht Peter Born am Herd und unbeeinflusst von modischen Strömungen hat er den Stil des Hauses beibehalten. Konsequent vertritt er eine klassische deutsche Küche. Was auf den Tisch kommt, bestimmt die Jahreszeit. Peter

1602 nennt ein Türsturz als Erbauungsjahr für das stattliche Gasthaus in Bedesbachs Ortsmitte, die erste schriftliche Erwähnung datiert vom Jahre 1710. Ein Hans Adam Klinck betrieb damals im genannten Haus eine Wirtschaft, eine Schmiede und eine Landwirtschaft. Dessen Tochter Susanne schloss 1753 die Ehe mit dem Hufschmied, Ackerer und Gastwirt

Gasthaus Born

Ringstraße 14
66885 Bedesbach
Familie Born
Telefon   0 63 81 / 31 37
Telefax   0 63 81 / 31 00
E-Mail   gasthaus-born@bedesbach.de

Ruhetag: Mittwoch

Born kocht auch mal nach überlieferten Rezepten, die anderswo längst in Vergessenheit geraten sind und gibt den Gästen wieder ein Gespür dafür, wie vorzüglich Bodenständiges und Selbstgemachtes schmecken kann.

Nicht nur die zufriedenen Feriengäste wissen die Leberknödel, die Dampfnudeln mit Weinsoß nach Omas Rezept zu schätzen – und vor allem die Westpfälzer Spezialität, die „Grumbeerworscht". Alle zwei Wochen laden Borns an den Dienstagen zum Schlachtfest und dafür reisen Liebhaber deftiger Hausmannskost auch von weit her an. Zum Mittagessen gibt es Wellfleisch und wenn die Würste fertig sind, kann man sich diese Schlachtspezialitäten nicht nur als Vesper servieren lassen, sondern auch für den Verzehr zu Hause mitnehmen.

Noch steht in der Küche ein schöner alter Holz-Kochherd – und der wird nie kalt. Von 10 Uhr bis spät in die Nacht hinein ist Familie Born für ihre Gäste da, bekommt jeder Speis und Trank. Doch das Gasthaus Born hat noch mehr zu bieten. Zwei Tennisplätze mit Kunstrasen gehören ebenso zum Haus wie eine wunderschöne Liegewiese mit Gartenhaus und großem Grill. Die drei Kegelbahnen wissen vor allem Wochenendreisegruppen und Kegelclubs zu schätzen. Zum Übernachten laden gemütliche Gästezimmer mit modernem Komfort.

Dafür, dass die Gäste sich rundum gut bedient und betreut fühlen, sorgt mit stets gleichbleibender Herzlichkeit Claudia Born. Als Hotelfachfrau ist sie zuständig für den Service und die Zimmer, hat für alle ein freundliches Wort und ein offenes Ohr. Persönlich kümmert sie sich darum, dass im Gasthaus Born alles bestens klappt.

Grumbeerworscht
(Kartoffelwurst)

Zutaten:

900 g Kartoffeln
150 g Zwiebeln
700 g mageren Schweinebauch
60 g Mehl
25 g Salz
5 g Pfeffer
7 g Bohnenkraut
180 ml heißes Wasser

Zubereitung:

Kartoffeln in 1 cm große Würfel schneiden, Zwiebeln und Schweinebauch durch den Fleischwolf drehen (1 cm Lochscheibe). Alles zusammen mit dem Mehl und den Gewürzen in eine Schüssel geben, mit dem Wasser übergießen und zu einer geschmeidigen Masse vermengen, ggf. nachwürzen.

Mit einem Füllhörnchen in Kranzdärme (Rind) von 4-5 cm Durchmesser füllen, auf 35–40 cm Länge abbinden, anschließend jede Wurst zu einem Ring zusammenbinden. In 85° heißem Wasser ca. 80 Minuten garziehen lassen. Heiß in der Pelle servieren, oder in einer Pfanne schön langsam braun gebraten. Dazu reicht man Sauerkraut oder Blattsalat.

ERDESBACHER ZIEGENKÄSE

Erdesbacher Ziegenkäse

Eckweg 2
66887 Erdesbach
Roland und Ulrike Stichlmeir
Telefon   0 63 81 / 4 04 18
Telefax   0 63 81 / 4 04 18

Auf etlichen Speisekarten der gehobenen Gastronomie sind wir ihm schon begegnet, dem Erdesbacher Ziegenkäse. Heute führt uns die kulinarische Entdeckungsreise zu seiner eigentlichen Heimat, dem Hof von Roland und Ulrike Stichlmeir im kleinen Weiler Erdesbach in der Westpfalz. Gebürtige Pfälzer sind sie beide nicht, sie stammt von der Nordseeküste, er aus Bayern. Beim landwirtschaftlichen Studium in Weihenstephan lernten sie sich kennen und entdeckten ihre gemeinsamen Interessen und Vorstellungen. Zu theoretisch erschien ihnen eine Hochschullaufbahn, praxisnah wollten sie arbeiten. Sie suchten eine Bleibe für Mensch und Tier und fanden sie in Erdesbach im Kuseler Land. Mit einer Mini-Käserei und 30 Milchziegen

wagten sie 1989 mit der Existenzgründung den Schritt in die Selbständigkeit. Ulrike Stichlmeir besuchte Kurse und holte sich praktische Anleitung bei anderen Käseherstellern. Die Käsemenge, die Stichlmeirs erzeugten, war vor Ort nicht zu vermarkten und Roland Stichlmeir lieferte an die Gastronomie und verkaufte seine Produkte auf Wochenmärkten. Viel Überzeugungsarbeit habe er leisten müssen, meint er heute, um die Kunden von der Qualität der Käsespezialitäten zu überzeugen. Lange war in Deutschland Ziegenkäse als „Käse der Armen" verpönt. Inzwischen finden auch bei uns Ziegenmilchprodukte immer mehr Liebhaber und Feinschmecker wissen das unverkennbare Aroma zu schätzen. Längst haben Stichlmeirs den Ziegenbestand aufgestockt. Um die 120 „Bunte Deutsche Edelziegen" mit braunem Fell und schwarzem Aalstrich auf dem Rücken bevölkern den geräumigen hellen Stall. Alle Mutterziegen haben sie aus dem eigenen Bestand nachgezogen, die Böcklein werden verkauft oder im Laufe des Jahres geschlachtet; dann

kann man auf Bestellung auch zartes Zickleinfleisch kaufen. Gefüttert wird mit Luzerne und bestem aromatischen Heu von den eigenen Bergwiesen und mit Getreide von Bio-Bauern. In der 2001 neu eingerichteten modernen Hofkäserei wird die Milch in reiner Handarbeit zu den unterschiedlichsten Käsesorten verarbeitet, deren Qualität sich durch Mund-zu-Mund-Propaganda längst herumgesprochen hat.
Die Milchziegenzucht und die Käseherstellung hält die Familie ganz schön in Trab. Morgens und abends müssen die Ziegen gemolken werden, tagsüber ist dann „Käsen" angesagt. Darin hat sich Ulrike Stichlmeir inzwischen zu einer wahren Meisterin entwickelt. Großer Beliebtheit erfreut sich der Frischkäse, naturbelassen und ungesalzen ist er bestens geeignet für Diätkost oder süße Desserts,

raffiniert gewürzt mit Kräutern oder als pikante Crème bereichert er jede Käseplatte. Camembert, Blauschimmelkäse, Schnitt-, Hart- und Räucherkäse sowie Ziegen-Feta bieten für alle Geschmacksnerven die passenden Nuancen; für den Kefir aus Ziegenmilch sind Kuhmilch-Allergiker dankbare Abnehmer. Ziegenlämmer und feine Rauchwurst nach eigenem Rezept aus reinem Ziegenfleisch ergänzen das Angebot.
Ruhiger wird es für Ulrike und Roland Stichlmeir im Dezember und Januar, wenn die tragenden Ziegen trocken stehen und keine Milch geben. Da müssen die Kunden auf den Frischkäse verzichten und sich mit Hartkäse bescheiden, der einige Monate zum Reifen braucht. Rund geht's dann wieder, wenn die Lämmer geboren werden und im Februar erneut die Käseproduktion beginnt.
Inzwischen gehören zahlreiche gastronomische Betriebe bis in die Süd- und Vorderpfalz hinaus zu Stichlmeirs Kunden. In Mainz steht er mit seinen Käsespezialitäten freitags auf dem Wochenmarkt, in Kaiserslautern an den Samstagen; von Mai bis September findet man ihn auf großen Bauernmärkten. Natürlich kann man den Erdesbacher Ziegenkäse auch direkt bei Stichlmeirs, vorerst noch ohne feste Verkaufszeiten, erstehen – ein Hofladen ist fest in der Planung. Gern führen Stichlmeirs nach Voranmeldung Gruppen durch ihren Betrieb, erläutern die Produktion und servieren Käse-Proben. Dabei erfährt man, dass Fleisch und Käse aus ihrem Bioland-Betrieb zu 100% von der Ziege sind und dass Stichlmeirs nur Zutaten aus kontrolliert biologischem Anbau verwenden.

WALDHOTEL FELSCHBACHHOF

In den gemütlichen und komfortablen Zimmern kann man fernab von aller Hektik beim erholsamen Schlaf neue Kräfte sammeln für den nächsten Tag. Als „Gastliches Haus" wurde der Felschbachhof ausgezeichnet; viele Stammgäste verbringen dort ihren wohlverdienten Urlaub, sie loben die freundliche Atmosphäre und die liebenswürdige Betreuung. Mit speziellen Freizeitangeboten ist dafür gesorgt, dass keine Langeweile aufkommt. Sportlich betätigen kann man sich auf dem hauseigenen Tennisplatz, zur Entspannung tragen Sauna und Solarium bei. Zum besonderen Erlebnis wird eine Draisinenfahrt oder eine Erlebnistour mit dem Mountainbike.

Doch vergessen wir nicht die kulinarischen Termine: die Schlemmerwochenenden, die Aktionswochen zu Wild, Gans oder Fisch, die Wein- oder Essigproben, die kulinarischen Sommerreisen, die musikalischen Winternachmittage. Bei Kochkursen erfährt man Interessantes über die regionalen Gemüse und Früchte, bekommt Tricks und Küchengeheimnisse vermittelt und bringt schließlich eine ganze Rezeptsammlung mit nach Hause.

Wo könnten Familienfeiern und andere Feste besser gelingen als im Felschbachhof? Dafür scheut mancher auch einen längeren

Als Landgasthof wurde der Felschbachhof von Familie Klinck 1973 erbaut. Sohn Stefan lernte erst Metzger, dann Koch, sammelte Erfahrungen in bekannten Häusern und verwirklicht nun im Felschbachhof die eigenen Vorstellungen von gepflegter Gastronomie. Umfangreiche Renovierungsarbeiten machten aus dem Landgasthof am Waldesrand ein modernes Hotel-Restaurant.

Hotel-Restaurant Felschbachhof

66887 Ulmet bei Kusel
Stefan Klinck
Telefon   0 63 87 / 9 11-0
Telefax   0 63 87 / 9 11-234
E-Mail   felschbachhof.ulmet@t-online.de
www.felschbachhof.de

Kein Ruhetag

Anfahrtsweg nicht; geradezu ideal bietet sich das Hotel-Restaurant an für stressfreie Tagungen in himmlischer Ruhe ohne störenden Durchgangsverkehr.

Rundum wohl fühlt man sich auch in den Gasträumen zwischen alten Hausgeräten und romantischen Gaslampen. In der Kutscherstube trifft man sich zum Aperitif oder lässt den Abend gemütlich in geselliger Runde ausklingen. Marie-Therese Marx schmückt mit sicherem Gefühl für den Stil des Hauses die Räume und leitet den Service. Bei der Auswahl der Weine aus dem mit Gewächsen aus der Pfalz und von der Nahe wohlbestückten Keller sollte man sich ihrer kompetenten Beratung anvertrauen. Bemerkenswert ist, was aus der Küche kommt. Der Bogen spannt sich von bürgerlich und dennoch fein bis zum anspruchsvollen Menü. Stefan Klinck vertritt die kreative Pfälzer Küche, zelebriert Bodenständiges auf höchstem Niveau und verwöhnt seine Gäste mit dem Besten, was die Region zu bieten hat. Als Mitglied der „Kulinarischen Landstraße" und Anhänger der „Slow-Food-Bewegung" bezieht Stefan Klinck seine saisonalen Grundprodukte, wann immer es geht, von gleichgesinnten Erzeugern. Ein Steckenpferd des passionierten Kochs ist der Fisch. Wer ihn auf der wöchentlich wechselnden Speisekarte vermisst, darf sich vom freundlichen Service belehren lassen, dass dieser stets so frisch ist, dass er als Tagesempfehlung angeboten wird.

Rat und Tat des pfalzorientierten Küchenchefs sind über den Felschbachhof hinaus gefragt. Stefan Klinck zeigte in Finnland, wie man in Deutschland kocht und bewies sein Können beim Pfälzer Sommer-Zauber.

Steinbuttfilet mit Vanille-Fischfond und Wildreis

Zutaten:

4 x 200 g Steinbuttfilet
Salz, Zitronensaft
Mehl, Rosenpaprika
Oliven- und Sonnenblumenöl
0,5 l Fischfond
0,5 l Crème fraîche
3 Stangen Vanille
Meersalz, Pfeffer, Zucker

Zubereitung:

Filet unter fließend kaltem Wasser abwaschen und trocken tupfen. Kurz vor dem Braten mit Zitronensaft und Salz würzen. Mehl mit einer Spur Rosenpaprika mischen und das Filet darin wenden. Öl in der Pfanne nicht zu heiß werden lassen und den Steinbutt von beiden Seiten anbraten, abgedeckt bei kleiner Hitze ca. 10 Minuten garziehen lassen.

Fischfond mit Crème fraîche einreduzieren, den Fond durch ein Tuch passieren und evtl. noch weiter reduzieren. Die cremige Soße mit dem ausgekratzten Vanillemark, Meersalz, Pfeffer und Zucker abschmecken.

Den Steinbutt zusammen mit Wildreis servieren.

VON KAISERSLAUTERN
DURCHS NORDPFÄLZER BERGLAND

Wochenmarkt in Kaiserslautern

Schenkungen und Vermächtnisse reich gewordene Kloster wurde nach der Reformation aufgelöst, die Mönche verließen Otterberg. Pfalzgraf Johann Casimir stellte die leerstehenden Gebäude protestantischen Wallonen zur Verfügung. Die Glaubensflüchtlinge brachten ihr handwerkliches Können mit und sorgten für einen blühenden wirtschaftlichen Aufschwung des Städtchens.

Ein Gang durch Otterberg ist ein Spaziergang durch die vierhundertjährige Geschichte der Wallonenstadt; stilvoll restaurierte Gebäude und schöne Fachwerkhäuser belegen eindrucksvoll die große historische Vergangenheit. Die Abteikirche ist neben dem Dom zu Speyer das größte sakrale Bauwerk und die besterhaltene Klosterkirche der Pfalz. Auf dem Brunnenstein vor der Abteikirche sind die beiden

An der Lauter, damals noch Lutra geheißen, ließ Stauferkaiser Friedrich I. Barbarossa 1152 einen „königlichen Palast von nicht geringer Pracht" errichten – an der Stelle, an der Jahrhunderte vorher schon ein fränkischer Königshof gestanden hatte. Wiederum einige hundert Jahre später erbaute der „Jäger aus Kurpfalz" Pfalzgraf Johann Casimir neben der Kaiserpfalz ein Renaissance-Schloss. Schwere Zerstörungen erlitt Kaiserslautern im Dreißigjährigen und wiederum im Zweiten Weltkrieg. Von den historischen Bauten von einst ist nur wenig geblieben. Zum „Casimir-Saal" wurde ein Teil der Residenz Johann Casimirs ausgebaut; heute nutzt ihn die Stadt bei feierlichen Anlässen als „Gute

Stube". Im Herzen der Stadt, wo heute ums Pfalztheater und um den 84 Meter hohen Rathaus-Turm das moderne Leben pulsiert, erhebt sich die dreitürmige Stiftskirche, die bedeutendste spätgotische Hallenkirche Südwestdeutschlands. Der „Schöne Brunnen" vor der Kirche stammt aus dem Jahr 1571. Kaiserslautern, seit 1970 auch Universitätsstadt, hat sich zu einer modernen City entwickelt nach dem werbewirksamen Slogan „Im Westen was Neues – Kaiserslautern" und dennoch seinen Charme als von der Natur bevorzugte Großstadt mitten im Grünen bewahrt. Die „Roten Teufel vom Betzenberg" haben Fußballgeschichte geschrieben – noch immer bestimmt der Fußballkalender des 1. FCK den Lebensrhythmus der Stadt.

Zisterziensermönche der Abtei Eberbach im Rheingau erbauten in Otterbach ein Kloster mit einer mächtigen Kirche. Das durch

Westfassade der Abteikirche von Otterberg

Auf Burg Falkenstein bei Rockenhausen

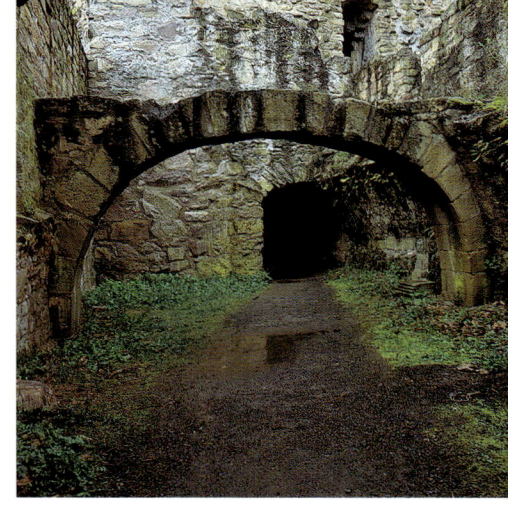

bedeutendsten Ereignisse in Otterbergs Geschichte als Relief dargestellt: auf der Nordseite die Klostergründung im Jahre 1143, auf der Südseite der Einzug der Wallonen 1579.
Obermoschel konnte sich den alten Stadtkern mit seinen engen Gassen und malerischen Winkeln zum größten Teil erhalten. Der Bergbau prägte die Geschichte des Städtchens und verhalf ihm zu einem gewissen Wohlstand. Im mit Weinbergen angelegten Selberg wurde bereits im Mittelalter Silber geschürft; auch im Berg, auf dem die Burg Landsberg stand, grub man nach Silber und Quecksilber.
Die 160 Meter über der kleinsten Pfälzer Stadt gelegene Moschellandsburg, auch Burg Landsberg genannt, wurde wohl schon vor dem 12. Jahrhundert erbaut und diente seit dem 15. Jahrhundert dem Schutz des Bergbaus. Die Burg war beliebter Sitz der Herzöge von Zweibrücken. Nach den Zerstörungen des Dreißigjährigen Krieges wurde Landsberg größer und schöner wieder aufgebaut und als Schloss zu einem der schönsten Rittersitze der Pfalz. Im Pfälzischen Erbfolgekrieg wurde die Moschellandsburg wie alle anderen Burgen der Pfalz endgültig niedergebrannt. Als imposante Ruine zeugt sie heute noch von einstiger Größe und Bedeutung. Majestätisch beherrscht sie das Land zwischen Donnersberg und den Ausläufern des Hunsrück und bietet dem Wanderer einen weiten Ausblick über das Nordpfälzer Bergland.

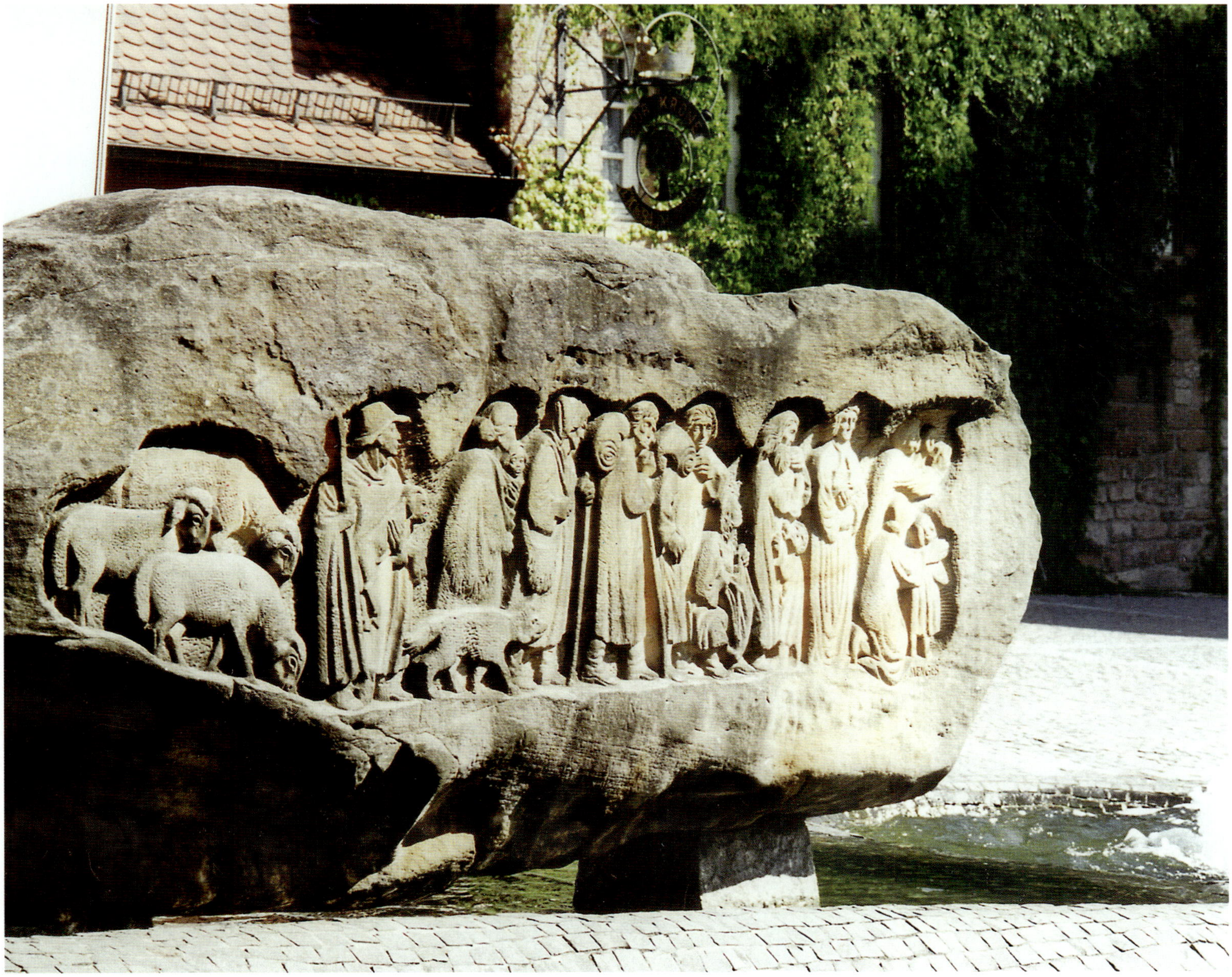

Brunnenstein vor der Kirche in Otterberg

Der landschaftsbeherrschende Donnersberg

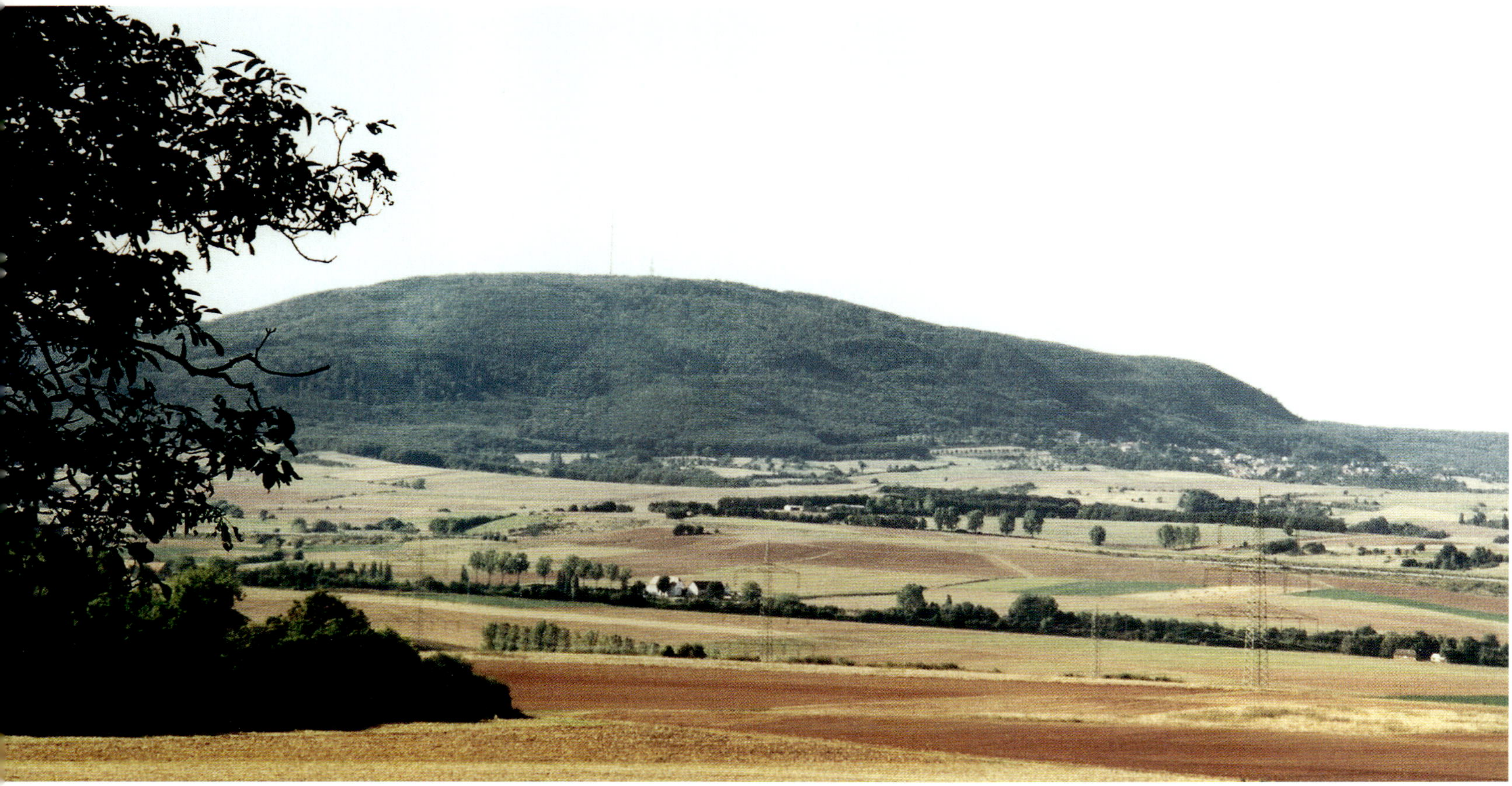

Rockenhausen versteht sich als wirtschaftlicher und kultureller Mittelpunkt der Nordpfalz und hat gleich drei besonders interessante Museen aufzuweisen: Einmalig in seiner Art ist das pfälzische Turmuhrenmuseum mit der wohl größten privaten Turmuhrensammlung Deutschlands. Prachtstück ist eine astronomische Uhr, die neben der Sonnenzeit die Mondphasen, den Planetenlauf und die Tierkreiszeichen zeigt. Im Museum Pachen ist mit mehr als 2000 Gemälden, Graphiken und Plastiken die Deutsche Kunst des 20. Jahrhunderts zu sehen, unter ihnen namhafte Künstler wie Otto Dix und Käthe Gollwitz.
Der Kunsthändler, Freund und Förderer Picassos und anderer zeitgenössischer Maler Daniel Henry Kahnweiler ist ein Sohn der Stadt. Rockenhausen verdankt ihm eine Bibliothek mit mehr als 2000 Bänden aus seinem Nachlass, eine

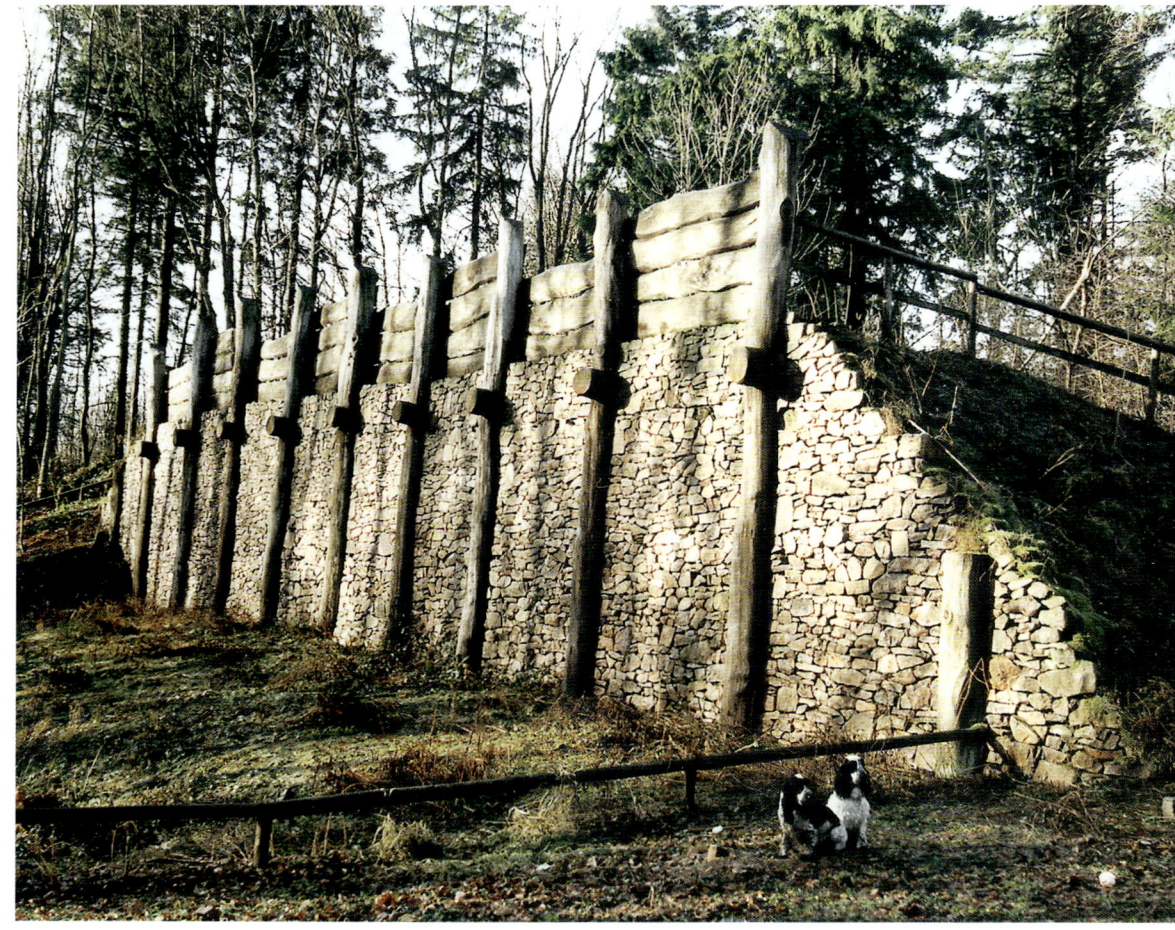

Restaurierter Keltischer Ringwall auf dem Donnersberg

Dauerausstellung zu seinem Leben und Werk, Original-Lithographien Picassos und Wechselausstellungen zeitgenössischer Künstler.

Schon von weitem kann man den Donnersberg sehen, aus allen Himmelsrichtungen zieht er die Blicke auf sich. Mystisch und mächtig und doch irgendwie gelassen steht er da, als Monument eines ganzen Landstrichs. Mit 687 Metern ist er der höchste Berg der Pfalz und gleichzeitig der geschichtsträchtigste. Er bildet einen selbständigen Gebirgsstock, das Tal der Pfrimm trennt ihn vom Pfälzerwald.

Auf der ebenen Hochfläche seines Gipfels errichteten die Kelten im letzten vorchristlichen Jahrhundert eine Siedlung und umgaben sie mit einem 3-4 Meter hohen Ringwall. Ein Teil des Walls wurde aus Holz, Stein und Erde nach altem Vorbild rekonstruiert; Keltenweg nennt sich die Wanderroute, die knapp 4 Kilometer am Wall entlang führt. Info-Tafeln lassen die

Zeit vor 2000 Jahren wieder lebendig werden. Markierte „Wanderwege mit Lerneffekt" verbinden rund um den Donnersberg Orte mit kunsthistorischen Besonderheiten oder führen zu originellen Museen. In Dannenfels kann man im „Donnersberghaus" ein Modell des Keltenwalls studieren und an der Straße voller Staunen vor der ältesten Edelkastanie der Pfalz stehen – mehr als 650 Jahre alt soll der allmählich absterbende Baum sein.

Vom Nordpfälzer Bergland kommend, durchfließt die Pfrimm die liebliche Landschaft des Zellertals, die den Donnersberg mit der Deutschen Weinstraße verbindet und sich als „Tüpfelchen auf dem i" der Weinstraße bezeichnet. Vom Mahnmal zum Gedenken an die Toten der beiden Weltkriege auf der Anhöhe zwischen Mölsheim und Zell bietet sich ein herrlicher Rundblick über die Rheinebene bis zum Odenwald im Osten und zum Donnersberg im Westen.

Das Mahnmal über dem Zellertal mit Blick in die Rheinebene

Kaum 10 Kilometer sind es bis zum Beginn – oder zum Ende – der Deutschen Weinstraße in Bockenheim im Leiningerland. Das stolze Geschlecht der Leininger Grafen hat dem Landstrich den Namen gegeben. Ein Abstecher nach Neuleiningen ist ein „Muss" für Pfalzreisende – jedem Autofahrer, der die BAB Mannheim-Saarbrücken benutzt, ist die romantische Silhouette von Burgruine, Kirche und Dorf mit Befestigungsmauer wohlbekannt. Schmale gepflasterte Gassen, gesäumt von liebevoll ausgeschmückten Fachwerkhäusern, ziehen sich den Berg hoch und machen das malerische Dorf auf dem Hügel zum „Aushängeschild des Leiningerlandes".

HOTEL-GASTHOF FRÖHLICH

Bestens eignet sich das Haus auch für Tagungen, Seminare und Festlichkeiten aller Art.

Patron ist inzwischen in der fünften Generation Alfons Fröhlich. Nach Lehr- und Wanderjahren im In- und Ausland kehrte er 1989 in den elterlichen Betrieb zurück, den er nun zusammen mit Ehefrau Claudia leitet. Als „gute Seele des Hauses" hat sie einen wesentlichen Anteil am Erfolg und sorgt mit Kompetenz und Herzlichkeit dafür, dass die Gäste sich wohl fühlen; auch die Senioren Helga und Franz Fröhlich helfen tatkräftig überall mit.

Seit mehr als 20 Jahren arbeitet Küchenchef Peter Münch im Hause und sorgt mit langjährigen Mitarbeitern für das leibliche Wohl der Gäste. Zweimal pro Woche kauft das Küchenteam direkt bei Bauern in der Vorderpfalz frisches Obst und Gemüse. Die Tageskarte wird nach dem Einkauf geschrieben, nach dem, was der saisonale Markt hergibt. Das Angebot reicht von regionaler Hausmannskost bis zu traditionellen und internationalen Feinschmeckergerichten. Spezialitätenwochen ziehen sich durchs ganze Jahr. Im Frühjahr beherrscht der Spargel die Speisekarte, dann folgt die Pilz-Saison. Der Herbst beschert vielerlei Wild

In Kaiserslauterns höchst gelegenem Stadtteil Dansenberg lädt der Hotel-Gasthof Fröhlich zur Einkehr, zum Genießen und Verweilen – ein Haus, in dem man nicht nur in behaglich eingerichteten Zimmern mit zeitgemäßem Komfort ruhig schlafen sondern auch gepflegt speisen kann.

Hotel Gasthof Fröhlich

Dansenberger Straße 10
67661 Kaiserslautern-Dansenberg
Familie Fröhlich
Telefon 0631/35716-0
Telefax 0631/35716-66
E-Mail Hotel-Froehlich@t-online.de
www.Hotel-froehlich.de

kein Ruhetag

und die köstlichen Dansenberger Maronen. An die 100 Toulouser Freilandgänse werden zwischen November und Weihnachten bei Fröhlichs verspeist und besonders beliebt ist die zweimal jährlich stattfindende Fischwoche. Pfälzer Weine bilden die entsprechende Begleitung zum Essen. Nicht nur Stammgäste freuen sich auf das Schlachtfest, zu dem Fröhlichs während der kühleren Jahreszeit jeden zweiten Dienstag laden. Viele kommen auch wegen der selbstgemachten Leberknödel oder wegen Vater Fröhlichs Bratwürsten. Wenn es seine Zeit erlaubt, steht Alfons Fröhlich auch selbst am Herd. Doch immer pflegt er den persönlichen Kontakt zu den Gästen und findet für jeden beim Kommen oder Gehen ein freundliches Wort. Zum fröhlichen Speisen laden das stilvoll-rustikale Kamin- oder das Bauernzimmer.

Bei lauen Temperaturen kann man sich auf der gemütlichen Gartenterrasse verwöhnen lassen. Liebhaber fleischloser Genüsse kommen ebenso auf ihre Kosten wie Senioren, die sich für reduzierte Portionen entscheiden. Den kulinarischen Auftakt bilden stets knackige Salate vom tagesfrischen reichhaltigen Büfett. Auch an Kinder haben Fröhlichs gedacht mit einer eigenen Karte und einem Spielplatz hinter dem Haus. In den Sommermonaten wird Fröhlichs preisgekrönter Bayerischer Biergarten zur Attraktion für Jung und Alt. Ungezwungen lässt man sich dort unter schattigen Bäumen zum frischgezapften Bier deftige Vesper oder original bayerische Schmankerln schmecken. Spielt dann freitags dazu noch Life-Musik, hat schon mancher in fröhlicher Runde länger gesessen als eigentlich vorgesehen war.

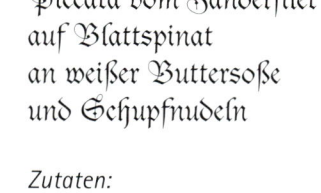

Piccata vom Zanderfilet auf Blattspinat an weißer Buttersoße und Schupfnudeln

Zutaten:

600 g Zanderfilet
2 Essl. Zitronensaft
frisch gemahlener weißer Pfeffer, Salz
100 g geriebener Parmesan
4 Eier
je 1 Bund Petersilie und Oregano
etwas Mehl, Butter
300 ml Fischfond
4 Schalotten
80 g Butter
80 ml Pfälzer Sekt oder Riesling

Zubereitung:

Zanderfilet in kleine Medaillons schneiden. Mit Zitronensaft beträufeln, salzen, pfeffern. Parmesan mit Eiern und Kräutern verrühren. Zanderfilet in Mehl wenden und durch die Eimasse streifen, langsam in Butter goldgelb backen.
Für die Soße Schalotten klein würfeln, zusammen mit dem Fischfond und Weißwein (Sekt) musig kochen. Danach kleine Butterflöckchen mit dem Stabmixer in Soße einrühren bis sich alles bindet. Nicht mehr kochen lassen.
Piccata auf Blattspinat anrichten und mit Schupfnudeln servieren.

BLECHHAMMER

Kraus war der Blechhammer nicht fremd. Oft war er als Kind mit seinen Eltern dort eingekehrt, als Erwachsener hatte er mit dem idyllisch gelegenen Haus geliebäugelt. Er erwarb das Anwesen und erfüllte sich damit einen Jugendtraum. Aus dem Nachrichtenbereich kommend, war er ein Seiteneinsteiger in die Hotelbranche. Die beiden Söhne haben eine solide Fachausbildung absolviert. Harry ist der kaufmännische Leiter und für die Logistik zuständig, Freddy Kraus ist Hotelfachmann und Leiter von Gastronomie und Service; noch immer liegt das Hotelmanagement in den bewährten Händen des Senior-Chefs. Hotellerie bedeutet ihm mehr als nur Zimmer und Mahlzeiten zu verkaufen. Nach gründlichen Umbauten und Erweiterungen präsentiert sich der Blechhammer seit seiner Wiedereröffnung 1986 als ideales Ferien- und Tagungshotel. Stadtnah und dennoch mitten im Grünen am gleichnamigen See gelegen, hat das gepflegte Hotel mit dem Flair des persönlich geführten Hauses für jeden Gast und für alle Ansprüche das Richtige zu bieten. Hier darf jeder unter Erholung und Sport das verstehen, was er möchte. Man kann um den See spazieren, im nahen Wald wandern oder einfach auf einer Bank sitzend dem Vogelgezwitscher lauschen. Zur sportlichen Betätigung laden zwei Kegelbahnen.

Wo bereits im 12. Jahrhundert Mönche im Weiher fischten, wo in kriegerischen Zeiten Waffen geschmiedet wurden und wo man um 1880 Blech stanzte, wurde auch eine Gastwirtschaft eingerichtet, die bald zum beliebten Ausflugsziel wurde. Doch allmählich setzte der Verfall ein und 1984 stand der „Blechhammer" zum Verkauf. Dem gebürtigen Kaiserslauterer Gerhard

Hotel – Historischer Gasthof Blechhammer

Am Hammerweiher 1
67659 Kaiserslautern
Familie Kraus
Telefon   06 31 / 37 25 - 0
Telefax   06 31 / 37 25 - 100
E-Mail
Hotel-Blechhammer@blechhammer.de
www.blechhammer.de

Kein Ruhetag

In geselliger Runde kann man den Abend dann vielleicht in der Mühlenstube am Grilltisch ausklingen lassen, wo sich jeder in eigener Regie die leckersten Spezialitäten zubereiten kann. Zum erholsamen Schlaf laden komfortable und hochwertig ausgestattete Gästezimmer. Das üppige Frühstücksbüfett am nächsten Morgen bildet den richtigen Auftakt für einen schönen Tag. Der Blechhammer bietet den idealen Rahmen für Familienfeste und Feierlichkeiten aller Art und für ungestörtes Tagen. Von der Ankunft bis zur Abfahrt bietet Familie Kraus mit ihrem gut geschulten und überaus freundlichen Personal den Gästen optimale Betreuung. Allein das Ambiente, die privat-familiäre Atmosphäre wären Grund genug, den Blechhammer anzusteuern. Doch da ist noch das kulinarische Angebot! Seit 1991 steht in der Küche der

Franzose Freddy Rinkert einer Brigade von ausgesuchten Fachkräften vor. Er kennt und praktiziert die europäische Spitzenküche und überrascht selbst Stammgäste immer wieder mit einer besonders gelungenen Mischung von gehobener Frischeküche mit internationalem Touch und traditionsreichen regionalen Gerichten auf hohem Niveau. Die Weinkarte bietet edle Tropfen zu reellen Preisen. In der warmen Jahreszeit ist die große Terrasse als Gartenrestaurant bei den Gästen aus der näheren und weiteren Umgebung besonders beliebt.
Mit speziellen Arrangements sorgt Familie Kraus dafür, dass auch der erholsame Teil nicht zu kurz kommt, doch immer steht das kulinarische Verwöhnen im Vordergrund. Auch für Tagungsteilnehmer hält der Blechhammer einige interessant geschnürte Pakete bereit.

Flambierte Filetwürfel vom Strauß in leichter Pinienkernsoße auf Wirsingbeet

Zutaten:

800 g Straußenfilet

5 cl Cognac

50 g Zwiebel- oder Schalottenwürfel

50 g Pinienkerne

$1/4$ l Bratenfond

Salz und weißer Pfeffer

500 g Wirsing

100 g Speckwürfel

60 g Zwiebelwürfel

$1/2$ l Sahne

150 g Butter

Salz, weißer Pfeffer, Muskatnuss

Zubereitung:

Das Fleisch würfeln und heiß anbraten. Zwiebelwürfel und Pinienkerne dazugeben und mit dem Cognac flambieren. Mit dem Fond strecken, mit Salz und Pfeffer würzen. Speck und Zwiebelwürfel in Butter anschwitzen, den geschnittenen Wirsing dazugeben. Das Ganze weichdämpfen, mit der Sahne ablöschen und sämig kochen. Mit Salz, Pfeffer und Muskat abschmecken. Dazu werden im Blechhammer Kartoffelkrusteln serviert.

KRONE

die Mauern, doch seit das junge Gastronomenehepaar Norbert und Anke Naßhan die Krone 1998 übernommen hat, weht im Innern ein frischer Wind.

Erhalten blieb im denkmalgeschützten Haus das Wirtshausflair vergangener Tage, das rustikal-gemütliche Ambiente. Noch immer treffen sich Arzt, Pfarrer und Handwerker am Stammtisch, einst wie heute schaut der Bürgermeister vorbei.

Über drei Etagen erstrecken sich die Gasträume. Manch fröhliche Feier hat der Gewölbekeller schon erlebt, fein eingedeckt sind die Tische unter dem spitzen Dachstuhl. Durch Sprossenfenster blickt man hinunter auf den Brunnenplatz oder zur Abteikirche. Ein Stück vom historischen Brunnenplatz gehört ebenfalls zur Krone. Er wird an warmen Tagen als Sommergarten in die Bewirtung mit einbezogen und nicht nur bei den zahlreichen Touristen sind die Plätze unter den bunten Sonnenschirmen im Angesicht der zweitgrößten Kirche der Pfalz begehrt.

In der Krone steht mit Küchenmeister Norbert Naßhan der Chef selbst am Herd. Eine klassische Kochausbildung habe er absolviert, meint der junge Küchenchef. Fünf Jahre im „Amadeus" in Saarbrücken

𝓛iebevoll restaurierte Gebäude zeugen in Otterberg vom blühenden Aufschwung durch die Wallonen in vergangenen Zeiten. Zu den historischen Bauten zählt auch das Gasthaus Krone gleich neben der eindrucksvollen Abteikirche. Alt und ehrwürdig sind

Gasthaus Krone

Hauptstraße 68
67697 Otterberg
Norbert Naßhan
Telefon   0 63 01 / 30 09 - 10
Telefax   0 63 01 / 30 09 - 11

Ruhetag: Dienstag
(Oktober – März)

prägten seinen Stil und nach kurzer Zeit hatte der gebürtige Pfälzer die Gäste von seinem Können überzeugt. Wer könnte ihn besser unterstützen als seine Ehefrau Anke? Sie ist selbst vom Fach und zeichnet für die Wohlfühl-Atmosphäre verantwortlich, für die geschmackvolle Dekoration und den freundlichen und aufmerksamen Service. Die Speisekarte verheißt eine solide klassische und preiswerte Regionalküche aus immer frischen saisonalen Produkten. Speisekarte? – „Kulinarische Kurzgeschichten" sind es und der Autor ist selbstverständlich Norbert Naßhan. Mehrere Auflagen, sie wechseln mit der Saison, sind schon erschienen. Vom ersten bis zum letzten Kapitel ist es eine appetitanregende Lektüre. Aus der Standardkarte kann man sich selbst ein Wunsch-Menü zusammenstellen, mit Beilagen und Soßen darf man nach Wunsch

und Laune variieren. Wer könnte Wild perfekter zubereiten als ein versierter Koch, der selbst Jäger ist? Naßhans Wildspezialitäten stellen selbst verwöhnte Gaumen zufrieden. Doch auch der Blick auf die Schiefertafel mit dem Wochenangebot ist empfehlenswert.

Zahlreiche Stammgäste finden sich täglich zum preiswerten Mittagessen ein, man trifft sich mit Freunden in ungezwungener Atmosphäre oder genießt einen Abend bei Kerzenlicht in trauter Zweisamkeit. Aus der reichhaltigen Weinkarte wählt man die passende Begleitung zum genussvollen Speisen. Gut besetzt sind die Tische in der Krone auch am Nachmittag. Da kann man sich an hausgemachtem Kuchen laben oder sich nach einem Rundgang durch den historischen Stadtkern mit einem zünftigen Vesper und einem erfrischenden Getränk stärken.

Lauwarmes Carpaccio vom Rehrücken in Tomaten-Balsamico-Marinade

Zutaten:

500 g schierer Rehrücken
3 Essl. Olivenöl
1 Teel. Pinienkerne
1 Tomate, entkernt und gehäutet, klein gewürfelt
5 Basilikumblätter, in feine Streifen geschnitten
1 kleingeschnittene Knoblauchzehe
1 Teel. Balsamicoessig
2 Essl. Schalottenwürfel
Salz, Pfeffer aus der Mühle, Muskat
Zucker
2 Essl. geriebener Parmesan
Lollo rosso, Chicoreeblätter und Tomatenviertel zum Anrichten und Dekorieren

Zubereitung:

Den Rehrücken in dünne Scheiben schneiden und plattieren. Mit Salz und Pfeffer würzen, in etwas heißem Olivenöl anbraten. Auf einem Teller dekorativ mit oben angegebenen Zutaten anrichten.
In die noch heiße Pfanne das restliche Olivenöl, Schalotten, Knoblauch, Basilikum, Pinienkerne und Tomatenwürfel geben und leicht anschwitzen lassen. Zum Schluss mit dem Essig und den Gewürzen abschmecken; diese Marinade auf das noch warme Fleisch geben und mit dem geriebenen Parmesan bestreuen.

BURG-HOTEL

Region auf- und auszubauen. Bäckermeister war sein eigentlicher Beruf; wegen einer Mehl-Allergie ließ er sich umschulen und erlernte alles Wissenswerte über den Beruf eines Gastronomen. Unterstützung bei der Verwirklichung seines Ziels fand er bei seiner Frau Gudrun, die ebenfalls vom Fach ist.

An Pfingsten 1962 konnte das Haus eröffnet werden, zunächst nur als Gaststätte ohne Übernachtungsmöglichkeit. Doch seine ruhige Lage in der reizvollen Landschaft, die reine Luft, der Wald und die Weinberge ringsum machten es zu einem der schönsten Ausflugsziele der Nordpfalz. Es wurde angebaut, umgebaut, erweitert und modernisiert. Heute präsentiert sich das Burg-Hotel als weit über die Region hinaus bekannter Familienbetrieb, immer wieder bedacht mit der Auszeichnung „Gepflegte Gastlichkeit". Sohn Hermann lernte Koch und legte 1984 die Prüfung als Küchenmeister ab. Seit 1978 arbeitet er im elterlichen Betrieb und übernahm ihn schließlich 1995. Er setzt das Qualitäts- und Leistungsstreben seines Vaters fort, auch für ihn steht der Gast und sein Wohlbefinden stets an vorderster Stelle. Gemütliche Zimmer mit zeitgemäßem Komfort, Schwimmbad und Sauna laden zum längeren Verweilen, zur Erholung und

Obermoschel, die kleinste Stadt der Pfalz, wird überragt von der mächtigen Burgruine Landsberg, auch Moschellandsburg genannt. Unterhalb der Burgruine erbaute Hermann Kreis mit unternehmerischem Mut zu Beginn der sechziger Jahre des letzten Jahrhunderts einen „gastronomischen Betrieb" um den Fremdenverkehr in der

Burg-Hotel

Obermoschel
Moschellandsberg
67823 Obermoschel
Hermann Kreis
Telefon   0 63 62 / 92 10 - 0
Telefax   0 63 62 / 92 10 - 13

Kein Ruhetag

Entspannung ein. Für viele Brautpaare führt der Weg vom Standesamt oder von der Kirche direkt ins Burghotel zur stilvollen Feier und dann ins Hochzeitszimmer, wo ein handgefertigtes Hochzeitsbett aus Österreich auf Frischvermählte oder auf Jungverliebte wartet. Gern feiert man im Burg-Hotel festliche Ereignisse, Firmen aus ganz Deutschland nutzen die ruhige Lage für ungestörtes Tagen, für Seminare und Arbeitsessen. Auch der Stammtisch trifft sich regelmäßig bei Familie Kreis und viele Obermoscheler wandern am Nachmittag hinauf zum Burg-Hotel um bei Kaffee und hausgemachtem Kuchen die angenehme Atmosphäre und die schöne Aussicht zu genießen.

Für Hermann Kreis ist es selbstverständlich, dass er in seiner Küche selbst am Herd steht und auch die Einkäufe besorgt er selbst.

Nach dem Angebot des Marktes wird dann die Tageskarte geschrieben. Ganz gleich, ob gutbürgerlich für den Alltag oder anspruchsvoll und fein für besondere Gelegenheiten, der Küchenmeister legt Wert auf Frische, auf Saisonales und Regionales. Für Familienfeiern und Tagungen hält er erprobte und vielgelobte Menü-Vorschläge bereit. Beim Speisen schaut man hinaus auf die Rebstöcke am Obermoscheler Seelberg, an denen vielleicht die Trauben gereift sind, die als edle Tropfen im Weinglas funkeln.

Viele prominente Gäste hat das Burg-Hotel schon beherbergt, Persönlichkeiten aus der Politik und bekannte Größen aus der Show- und Medienwelt. Die schöne Landschaft ringsum, die Gastlichkeit und das vielseitige Angebot fügen sich im Burg-Hotel zu jener Atmosphäre, die man sich für ruhige und erholsame Ferientage wünscht.

Pfälzer Schweinepfeffer

Zutaten:
Für die Marinade:

$^1/_4$ l Weißwein
$^1/_4$ l Wasser
$^1/_4$ l Essig
Wacholderbeeren, Nelken
Pfefferkörner, Lorbeerblätter
Zwiebel-, Karotten- und Selleriestücke
1 Teel. Salz
1 Prise Zucker

800 - 1000 g grob gewürfelter
Schweinekamm
Butterschmalz zum Anbraten
2 gewürfelte Zwiebeln
etwas Mehl
2 Essl. Schweineblut

Zubereitung:

Marinade aufkochen und lauwarm über die Fleischwürfel geben. Über Nacht stehen lassen, dann Fleischwürfel auf ein Sieb geben und gut abtropfen lassen.

Fleisch in Butterschmalz anbraten, angeschwitzte Zwiebelwürfel dazugeben und leicht Farbe nehmen lassen, mit Mehl stäuben. Mit einem Teil der durchgeseihten Marinade auffüllen und langsam gar schmoren lassen.

Je nach Geschmack einen Teil der Marinade durch Fleischbrühe ersetzen. Kurz vor dem Anrichten das Blut dazugeben.

Dazu reicht man Schneebällchen (Kartoffelknödel) und Feldsalat.

PFÄLZER HOF

Nach Stationen in bekannten Häusern Deutschlands und der Schweiz fand der Koch und Küchenmeister wieder in seine Heimat zurück. Sie erledigt mit Sachverstand die Verwaltung und sorgt dafür, dass bei den Buchungen und im Service alles bestens klappt. Unter der Woche nehmen Geschäftsreisende, Montagearbeiter und Reisegruppen gern die komfortablen Zimmer und das familiäre Flair des Hotels in Anspruch. Zum Wochenende kommen die Ausflügler, die Wanderer und Biker und die Kurzurlauber, die einfach mal abschalten und den Stress des Alltags hinter sich lassen wollen. Die Sonne genießen kann man auf der großen Terrasse oder auf der Liegewiese im schön angelegten geschützten Garten, wo im Sommer auch bewirtet wird. Attraktive Angebote für Aktiv- und Erlebnistage, mit Verwöhn-Programm, Kochkursen und Weinproben ziehen sich durchs ganze Jahr.

Liebhaber der rustikalen und deftigen Küche bekommen in der Pfälzer Stube all jene typischen Spezialitäten serviert, die für viele nun mal zur Pfalz gehören. Auf das Schlachtfest unter dem Motto „Esse bis der Ranze spannt" – in der kühlen Jahreszeit an jedem dritten Mittwoch im Monat – freut sich das Stammpublikum schon lange vorher. Tagungen und Festlichkeiten aller

Von den vielen Touristen, die jedes Jahr in die Pfalz kommen, zieht es die meisten an die Weinstraße. Doch die Pfalz hat noch mehr zu bieten als Weingenuss und weltbekannte Winzerorte. Unsere Entdeckungsreise führt uns heute ins reizvolle Alsenztal. Im Pfälzer Hof in Rockenhausen laden Judith und Thorsten Trost zum Einchecken, zum Abschalten und zum Wohlfühlen ein.

Hotel Pfälzer Hof
mit Restaurant Finkenhof

Kreuznacher Straße 30
67806 Rockenhausen
Thorsten Trost
Telefon   0 63 61 / 79 68
Telefax   0 63 61 / 37 33
E-Mail   Pfaelzer-Hof@t-online.de
www.rockenhausen.de

Ruhetag: Montag

Art richtet Familie Trost ganz nach den Wünschen der Gäste aus. Zünftig feiern lässt sich's im urigen Gewölbekeller mit Pils-Theke, eine besondere Attraktion ist ein historisches Rittermahl.

Doch bei Familie Trost kann man nicht nur pfälzisch schmausen. Da gibt es zwei Häuser weiter das kleine aber feine Gourmet-Restaurant Finkenhof. Dort steht der Chef selbst am Herd und kocht mit einem motivierten Team auf hohem Niveau. Im südländischen Stil ist der Raum gehalten – mit Farben, die an Sonne, Sand und Licht erinnern. Der Granatapfel, die Frucht des Südens, schmückt als Symbol die Speisekarte und stimmt ein auf die richtige Mischung aus klassischer und mediterraner leichter Küche; Kräuter aus dem eigenen Garten verleihen die richtige Würze. Der kreative Koch hat ein Faible für die asiatische Küche und weiß gekonnt die Aromen Europas mit jenen des fernen Ostens zu verbinden. Nur was schon beim Einkauf durch frische und gute Qualität überzeugt, wird im Einklang mit den Jahreszeiten mit großer Sorgfalt überaus schmackhaft zubereitet und appetitlich angerichtet.

Zum preisgünstigen Mittagstisch kommen die Gäste nicht nur aus Rockenhausen. Auch der Vegetarier findet im Finkenhof Schmackhaftes; zum Highlight des Monats werden auf die Saison abgestimmte Menüs. Ideale Begleiter zum Essen sind neben den feinen Tropfen aus der Region auch ausgewählte Weine aus Frankreich, Südafrika und Australien. Der Chef ist Weinkenner und -liebhaber und hat dem Finkenhof-Restaurant eine kleine Vinothek angegliedert. Dort kann man edle Kreszenzen nicht nur probieren sondern auch kaufen.

Loup de mer im Weinteig auf Asia-Gemüse

(für 2 Personen)
Zutaten:

200 g Mehl
2 Eier
100 ml Weißwein
etwas Ingwer, frisch gerieben
400 g Loup de mer
Kreuzkümmel, Zitronensaft
Salz, Pfeffer
etwas Mehl
Fett zum Ausbacken
Karotten, Sellerie, rote, grüne und gelbe Paprika (fein gestiftet)
Sojaöl
Sesam, Kümmel
Sherry

Zubereitung:

Eier trennen. Mehl, Weißwein, Eigelb und Ingwer glattrühren. Eiweiß zu steifem Schnee schlagen und unterheben.
Den Fisch filetieren, würzen und mit Zitronensaft marinieren. Mehlieren und durch den Weinteig ziehen.
In heißem Fett ca. 2-6 Minuten ausbacken.
Gemüsestifte in Sojaöl angehen lassen, abschmecken.
Loup de mer auf dem Gemüsebett anrichten.

BASTENHAUS

Durch Einheirat änderte sich der Familienname in der zweiten Hälfte des 20. Jahrhunderts in Stollhof.

Heute ist das einstige Gasthaus ein modernes und dennoch betont ländliches Hotel-Restaurant. Zwei Gästehäuser mit komfortabel ausgestatteten Zimmern fügen sich nahtlos an das Hauptgebäude. Geblieben ist die anheimelnde Atmosphäre des Familienbetriebes, die niveauvolle Gastlichkeit, das geschmackvolle Interieur der Restaurant-räume und der individuelle Service des geschulten Personals. 1986 stieg der älteste Sohn Berthold zusammen mit seiner Ehefrau Gabriele in den Betrieb ein. Als gut eingespieltes Team – er als Küchenmeister, sie als Hotelfachfrau – haben sie das Bastenhaus zu einem gesuchten Ausbildungsbetrieb für alle gängigen Berufe im Hotel- und Gaststättengewerbe gemacht.

Immer mehr Gäste schätzen das Bastenhaus als Feriendomizil und festen Standpunkt für Wanderungen und Erkundungen der Gegend. Sportlich Interessierte finden Tennis- und Golfplätze in der nächsten Umgebung, im Winter verlaufen gespurte Loipen am Haus vorbei. Zum Entspannen und Pflegen stehen den Gästen die Liegewiese, der großzügige Wellnessbereich und der Fitnessraum zur

Die Geschichte des Bastenhauses reicht weit in die Vergangenheit zurück. Alte Schriften berichten von einem Sebastian Fischer, der bereits vor mehr als 250 Jahren Holzhauern und Fuhrleuten Unterkunft und Verpflegung bot. Bastenhaus ist die mundartliche Umwandlung von Sebastianshaus.

Hotel-Restaurant Bastenhaus

67814 Dannenfels
Familie Stollhof
Telefon   0 63 57 / 9 75 90 - 0
Telefax   0 63 57 / 9 75 90 - 300
E-Mail   Hotel-Bastenhaus@t-online.de
www.bastenhaus.de

Kein Ruhetag

Verfügung. Bestens eingerichtet ist man im Bastenhaus auf Feste und Feiern jeglicher Art; zum professionellen Tagen stehen Räume mit zeitgemäßer Konferenztechnik bereit.

Berthold Stollhof praktiziert sowohl die regionaltypische als auch die feine Küche. Der Feinschmecker, der seinen Gaumen durch interessante Kreationen verwöhnen möchte, entscheidet sich für einen Schlemmer-Abend in der eleganten Sebastian-Stube. Der hungrige Ausflügler, der sich mit deftiger Hausmannskost stärken will, findet im Bastenhaus genau so das Richtige wie der Gast, der die exzellente Zubereitung regionaler Spezialitäten liebt. Geschickt kombiniert Berthold Stollhof die Produkte von Feldern und Fluren der Pfalz zu reichhaltigen und dennoch bezahlbaren Speisen, die dann auf den Tisch kommen, wenn sie

Saison haben. Urlauber wissen es zu schätzen, dass man auch bei Halb- oder Vollpension Menüwahl hat. Die zum Essen passenden Weine stammen überwiegend aus der Umgebung, in Flaschen finden sich auch französische und italienische Gewächse auf der Karte.

Das ganze Jahr über bietet Familie Stollhof kostengünstige Pauschalarrangements, Familien-, Schlemmer-, Erlebnis- oder Weinwochenenden an. Zu einem besonderen Erlebnis werden in den Sommermonaten die Grillabende auf der großen Sonnenterrasse. Im Bastenhaus kann man auch außerhalb der üblichen Essenszeiten ein kleines Schmankerl bestellen und mancher fährt am Nachmittag extra hinauf um Kaffee und den von Mutter Brigitte selbst gebackenen Kuchen zu genießen.

Auflauf von Pfälzer Bauernhandkäse an Zwiebelsoße

Zutaten:

0,25 l Vollmilch
60 g Mehl
60 g Butter
6 Eier
100 g Bauernhandkäse, geraspelt
Pfeffer, Salz

Sauce:

2 mittelgroße Zwiebeln, fein gewürfelt
50 g Butter
50 g Mehl
0,5 l kalte Brühe
0,25 l Riesling
0,1 l Sahne
Salz, Pfeffer, gestoßener Kümmel

Zubereitung:

Milch mit Butter, Salz und etwas Pfeffer aufkochen, das gesiebte Mehl in die kochende Milch einrühren. So lange weiterrühren, bis sich ein weißer Belag auf dem Topfboden gebildet hat. Die Teigmasse in eine Schüssel geben, Eier trennen und nach und nach Eigelb und dann den Hand-käse unterrühren. Eiweiß zu steifem Schnee schlagen und vorsichtig mit einem Kochlöffel unter die Masse heben. Die Masse in gebutterte Förmchen geben und im Wasserbad im Backofen bei 160° ca. 15-20 Minu-ten garen. Mit dem Messer vom Rand lösen, stürzen und sofort auf warmen Tellern mit der Zwiebelsoße anrichten und servieren.

Für die Soße Butter im Topf erhitzen, Zwiebelwürfel ohne Farbe anschwitzen, mit Mehl bestäuben und eine Mehl-schwitze bereiten. Mit Brühe ablöschen, Kümmel zugeben und ca. 10 Minuten köcheln lassen. Wein und Sahne beigeben, mit Salz und Pfeffer abschmecken. Vor dem Servieren kurz aufmixen.

KLOSTERMÜHLE

unterstreicht das besondere Ambiente.
Wer an lauschigen Sommerabenden auf
der wunderschönen Terrasse zwischen
Oleandern, Palmen und Zitronenbäumen
gesessen hat, wird sicher wiederkommen.
Für Seminare und Konferenzen im besonderen Rahmen hält Familie Jennewein
die entsprechenden Räume und die tech-
nische Ausstattung bereit und nicht nur
Tagungsteilnehmer erholen sich gern auf
der Liegewiese am idyllischen Gartenteich
oder beim Volleyballspiel.
Mit Engagement und Umsicht kümmert
sich Claudia Jennewein persönlich
um das Wohl ihrer Gäste. Ihr erlernter
Beruf als Hauswirtschaftsmeisterin gab
ihr die richtigen Voraussetzungen zur
Führung des Betriebs. Tochter Astrid
Daly hat inzwischen ihr Studium zur
Hotelbetriebswirtin abgeschlossen und

Hotel Restaurant Klostermühle

Mühlstraße 19
67728 Münchweiler an der Alsenz
Familie Jennewein
Telefon   0 63 02 / 92 20 - 0
Telefax   0 63 02 / 92 20 - 20
E-Mail   info@klostermuehle.com
www.klostermuehle.com

Kein Ruhetag

$\mathcal{B}$is ins 12. Jahrhundert reicht die
Geschichte der Klostermühle am Rande von
Münchweiler zurück; einst mahlte sie das
Korn für die Mönche des Klosters Hornbach
bei Zweibrücken. Heute ist die Klostermühle ein stattliches Hofgut, das Familie
Jennewein inzwischen in der dritten
Generation bewirtschaftet. In die bestehende
historische Hofanlage wurde zu Beginn der
neunziger Jahre ein Hotel integriert, in dem
sich Tradition und moderner Zeitgeist in
einmaliger Weise verbinden und ergänzen.
Italienische Möbel, italienische Beleuchtung
und luftige Aquarelle schaffen zusammen
mit dem alten Mauerwerk aus heimischem
Sandstein eine unvergleichliche Atmosphäre. Die mit allem modernen Komfort
ausgestatteten Zimmer atmen Wohlbehagen;
friedvolle Ruhe garantiert die freie Natur
ringsum. Die Zimmer tragen italienische
Namen von Früchten, die auch in der Pfalz
reifen – wir befinden uns in Italiens nörd-
lichster Provinz!
Die ungewöhnliche Architektur des
Restaurants, als heller lichtdurchfluteter
Pavillon an die alten Mauern angebaut,

118

arbeit ebenfalls in der Klostermühle. Bei Familie Jennewein ist „regionale Küche" kein bloßes Schlagwort. Hier erfährt man, dass die Pflege einer bodenständigen einheimischen Küche keinen Verlust an kulinarischer Raffinesse bedeutet. Fast alles, was auf den Tisch kommt, stammt aus dem großen Bauerngarten und aus der eigenen Landwirtschaft, die Karl-Heinz Jennewein zusammen mit Sohn Erik betreibt. Fleisch und Wurst bereichern als Spezialitäten aus eigener Schlachtung die Speisekarte; Empfehlungen der Woche unterstreichen das saisonale Angebot. „Bürgerlich-gehoben" nennt Frau Jennewein ihre Küche. Wir wollen es so interpretieren: bürgerlich sind die Preise, gehoben das Angebot und die Qualität.

Im eigenen Hofladen kann man erwerben, was im Restaurant so vorzüglich

geschmeckt hat, mit selbstgepflückten Sträußen von leuchtenden Sonnenblumen holt man sich den Sommer ins Haus. Die weiten Wiesen ringsum, ein Spielplatz zum Austoben und Streicheltiere machen das kinderfreundliche Haus zum beliebten Ziel für Familien. Wohltuend ergänzt der perfekte und unaufdringliche Service die Leistungen der Küche und des Hotels. Die Deutsche Landwirtschaftsgesellschaft (DLG) zeichnete die Klostermühle als Landhotel des Jahres 2000 aus und würdigte damit das ausgeprägte Qualitätsdenken der Familie, die intensive und individuelle Gästebetreuung und das außergewöhnlich umfangreiche Freizeit- und Tagungsprogramm.

Variation von hausgemachtem Saumagen

(für 1 Person)
Zutaten:

1 Tomate in Scheiben
1 kleine Zwiebel in Scheiben
1 Scheibe Käse oder Mozarella
1 Streifen Lauch
2 Scheiben hausgemachter Saumagen
(Hofladen)

Zubereitung:

Saumagen grillen oder im Backofen bei 250° backen. Lauch blanchieren, Zwiebeln rösten.
Eine Scheibe Saumagen halbieren. Eine Hälfte mit Tomaten und Käse belegen und überbacken, die andere mit dem Lauch umwickeln. Die zweite Scheibe Saumagen mit den gerösteten Zwiebeln garnieren.
Auf einem Teller anrichten, mit Kartoffelpüree und Sauerkraut oder grünem Salat servieren.

WARTENBERGER MÜHLE

Martin Scharff, Koch aus Passion, Küchenmeister und staatlich geprüfter Gastronom, ist Mitglied der illustren Vereinigung von 42 deutschen Spitzenköchen, der „Jeunes Restaurateurs". Sein Schwiegervater, der Architekturprofessor Horst Ermel, hat das 600 Jahre alte Gemäuer einer ehemaligen Mühle zu einem stilvollen Landhotel ausgebaut. Der schön angelegte Innenhof bietet den richtigen Rahmen für Sommerfeste und Konzerte. Der Kuhstall mit seinem Kreuzgewölbe wurde zum Gourmet-Restaurant, der Pferdestall zum Bistro mit Vinothek. Wenn die Temperaturen steigen, werden auch die Terrassen in die Bewirtung mit einbezogen – die eine geht direkt in den Kräutergarten über, aus dem der Meisterkoch stets frisch die vielen kaum bekannten Kräuter holt, die seiner Küche die besondere Note verleihen.

Lukullus-Jüngern war Martin Scharff längst kein Unbekannter mehr. In Dinkelsbühl erkochte er sich Auszeichnungen und Sterne. Man kannte ihn aus Kochsendungen des Fernsehens, er wurde zum „Aufsteiger des Jahres" gekürt und seine Kochkurse waren stets ausgebucht. Nun trägt er in der Wartenberger Mühle zum guten Ruf der Pfalz als Gourmet-Zone bei. Konsequent vertritt er auch im eigenen Haus die

Ƒern von Hektik und Lärm und doch nur wenige Kilometer von Kaiserslautern entfernt hat sich einer der besten Köche Deutschlands zusammen mit seiner Frau Anja – auch sie ist vom Fach – ein kulinarisches Refugium geschaffen, das Feinschmecker und Genießer von weit her anreisen lässt.

Scharff's Restaurant
Landhotel
Wartenberger Mühle

Am Schlossberg 16
67681 Wartenberg-Rohrbach
Anja und Martin Scharff
Telefon   0 63 02 / 92 34 - 0
Telefax   0 63 02 / 92 34 - 8
E-Mail   martin.scharff@t-online.de
www.wartenberger-muehle.de

Ruhetag: Dienstag, Mittwoch
(Bistro: Kein Ruhetag)

Philosophie der Jeunes Restaurateurs: die Liebe zur Haute Cuisine und die Freude am Vermitteln kulinarischer Genüsse.

Bei großen Lehrmeistern hat Martin Scharff sein Metier gelernt; Wanderjahre führten ihn bis nach Kalifornien und Hongkong; seine Weltoffenheit ist an der Speisekarte abzulesen. Absolut ist sein Anspruch an die Qualität seiner Ausgangsprodukte: hochwertig müssen sie sein und marktfrisch; Gemüse, Salat und Obst stammen aus eigenem Bio-Anbau. Mit Intuition und Können zaubert er daraus kulinarische Genüsse vom Feinsten, vollendet in Harmonie und Geschmack. Einfach Scheinendes wirklich gut zu machen, vom Einkauf bis zur perfekten Präsentation auf dem Teller, darin zeigt sich wahre Kochkunst. Mit Martin Scharff steht sein Bruder Peter am Herd. Auch er hat einen klangvollen Namen als Koch und

Konditor und gewann im Jahre 2000 den „Bocuse d' Or"-Preis als bester Fischkoch Deutschlands. Das Wissen und Können der „Scharff-Brothers" ist gefragt.

Drei auf die Jahreszeiten abgestimmte Menüs stehen im feinen Restaurant zur Auswahl, die man nach Belieben und eigenen Ideen variieren kann. Hervorragende und mit Fachkenntnis von Sommelier Jürgen Hammer ausgesuchte Weine ergänzen die einzelnen Gänge harmonisch. Der Aperitif, den man beim Bummel durch den Kräutergarten genießen kann, bildet den richtigen Auftakt.

Regionale leichte Küche bekommt man im Bistro serviert. Doch selbstverständlich werden alle hier angebotenen Gerichte und Menüs nach der gleichen Philosophie zubereitet wie die erlesenen Speisen im Gourmet-Restaurant.

Geeistes Süppchen vom Pfälzer Rieslingsekt mit Eismousse von Zitronenbasilikum

(für 6 Personen)
Zutaten:

Rieslingsüppchen:
1 l Rieslingsekt
400 g Zucker
Saft von 1 Zitrone
1/2 Vanillestange
14 g Tortengusspulver

Eismousse:
0,4 l Rieslingsekt
100 ml Zitronensaft
60 g Zitronenbasilikum, klein geschnitten
250 g Zucker
6 Eiweiß
125 g Zucker
0,5 l geschlagene Sahne

Zubereitung:

Rieslingsüppchen aus den angegebenen Zutaten kochen, in eine vorgekühlte Schüssel absieben, unter Umrühren erkalten lassen. Durch ein feines Sieb passieren, kalt stellen.

Sekt leicht erwärmen, 125 g Zucker darin auflösen, Basilikum ca. 20 Minuten darin ziehen lassen. Sekt absieben, Zitronensaft zugeben und zu festem Sorbet frieren. Eiweiß mit restlichem Zucker zu festem Schnee schlagen. Das Sorbet in eine vorgekühlte Schüssel geben, Eiweiß und Schlagsahne zügig unterarbeiten, sofort einfrieren.

Tiefe Teller mit Schokolade verzieren und die geeiste Sektsuppe einfüllen. Das Eismousse als Halbkugel in die Suppe geben, mit je zwei frittierten Erdbeerkrapfen und Zitronenbasilikum garnieren.

LANDGASTHOF FORELLE

Forellen, Saiblinge und andere Fische. 1806 erwarb Reichsrat Ludwig Freiherr von Gienanth den Woog als Wasserreservoir für die Eisenwerke im Tal; ein Nachfahre erbaute 1952 den Landgasthof Forelle, welcher heute noch in Gienanth'schem Privatbesitz ist.

Seit dem Sommer 2000 führt im Landgasthof ein neues engagiertes Team Regie. Das Gastronomenehepaar Jörg und Regina Maier offeriert als perfekter Gastgeber, was zum Erfolg beiträgt: freundliche Atmosphäre, aufmerksamer Service und genussvolle Tafelfreuden. Für letztere zeichnet Küchenchef Jens Eichhorn verantwortlich. Die Passion des Kochs gilt der Naturküche und das zeigt sich in den nach traditionellen Methoden zubereiteten Speisen, deren hochwertige Grundzutaten von naturnah wirtschaftenden Erzeugern stammen. Was in der Forelle in den Topf und damit auf den Tisch kommt, muss in nächster Umgebung herangewachsen und gereift sein. Beim Fleisch kann der Gast sicher sein, dass es ausschließlich aus kontrollierter Aufzucht und artgerechter Haltung stammt. Gemüse und Salate von ausgesuchten Erzeugern der näheren Umgebung erscheinen dann auf der Karte, wenn sie wirklich Saison haben. Die Fische wachsen direkt vor der Haustür und ihre Zubereitung kann man sich frischer und schmackhafter

Schon im frühen Mittelalter betrieben Nonnen des einstigen Klosters Ramosa (Ramsen) Fischzucht im „Eisenwassersee". Vom Kloster ist nichts geblieben und wo einst die Nonnen fischten, betreibt Familie Schneider am Eiswoog naturnahe Fischzucht. Nach wie vor tummeln sich im klaren von sieben Quellen gespeisten See

Landgasthof Forelle

Eiswoog
67305 Ramsen
Familie Jörg Maier
Telefon   0 63 56 / 3 42
Telefax   0 63 56 / 52 45
E-Mail info@landgasthof-forelle.de
www.landgasthof-forelle.de

Ruhetag: Montag
(Biergarten im Sommer geöffnet)

nicht wünschen. „Bio" ist in der Forelle kein leeres Wort auf dem Papier sondern aus Überzeugung praktizierte Philosophie. Durch die Verwendung regionaler Produkte werden weite Transportwege vermieden, bodenständige Landwirtschaft gestärkt und die kulinarischen Eigenheiten der Region wieder zum Blühen gebracht.

Wo nimmt man Platz, um Speis und Trank zu genießen? Im gemütlichen Kaminzimmer sitzt man bei Wohnzimmeratmosphäre unter Geweihlampen an alten Holztischen, festlich eingedeckt lädt der grüne Salon zum genussvollen Speisen oder zum ungestörten Tagen unter den Augen der Gienanth'schen Ahnen. Der Jagdsaal bietet größeren Gesellschaften Platz zum Feiern und nicht nur Kinderaugen leuchten heller beim Anblick des dort ausgestellten größten historischen Puppenhauses Deutschlands – an die 120

Jahre ist es alt! An einem der schönsten Plätze ist man angekommen, wenn man auf der geschützten Seeterrasse Platz gefunden hat und hinunterblickt auf den Eiswoog, auf die bunten Ruderboote, die Schwimmer und die tauchenden Enten. Romantisch wird's in der Forelle bei Dunkelheit, wenn die ganze Szenerie beleuchtet ist.

Unter schattigen Bäumen kann man sich im großen Biergarten mit einem kleinen Imbiss oder Kaffee und Kuchen stärken. Wer nach einem köstlichen Mahl, umrahmt von den passenden Weinen, die Heimfahrt scheut, für den hat Jörg Maier Tipps für Übernachtungsmöglichkeiten in nächster Umgebung bereit. Doch bald wird am Eiswoog ein nach ökologischen und baubiologischen Gesichtspunkten geplantes Hotel stehen, in dem man in Ruhe tagen, entspannen und zur Natur zurückfinden kann.

Eiswoog-Forelle in Pfälzer Trauben

Zutaten:

4 Forellen à 250 g
2 Essl. Butterschmalz
4 Scheiben gekochter Schinken
500 g helle Trauben ohne Kerne
1/4 l trockener Weißwein
1/8 l Sahne
Salz, Pfeffer, etwas Mehl
Zitrone und Petersilie

Zubereitung:

Die Forellen ausnehmen und waschen. Von beiden Seiten mit Salz und Pfeffer würzen und in Mehl wenden. Butterschmalz in einer Pfanne heiß werden lassen und die Forellen darin beidseitig anbacken. Im Backofen bei 150° ca. 8 Minuten garziehen lassen. Den Schinken in feine Streifen schneiden und mit den gewaschenen Trauben in der Pfanne kurz anschwenken, mit dem Weißwein ablöschen. Die Sahne zugeben und alles ca. 5 Minuten köcheln lassen, ggf. nachwürzen mit Salz und Pfeffer. Die gebratenen Forellen auf Tellern anrichten, mit der Traubensoße übergießen und mit Zitrone und Petersilie garnieren.

AUF DER DEUTSCHEN WEINSTRASSE
DURCH DIE MITTELHAARDT

Malerisches Neuleiningen

Das „Haus der Deutschen Weinstraße" in Bockenheim bildet den gelungenen Auftakt oder den krönenden Abschluss von Deutschlands bekanntester Touristenstraße. Auch in ihrem nördlichen Teilstück, der Mittelhaardt, ducken sich verträumte Winzerdörfer in die malerische Hügellandschaft und scheinen in einem Meer von Reben fast zu ertrinken.

Auch hier spielt sich das kulturelle Leben im Sommer meist im Freien ab, auf romantischen Ruinen von Burgen und Klöstern, auf Schlössern und in Weingütern – vom Jazz-Festival über klassische Musik bis zur Theateraufführung. Vom Frühjahr bis weit in den Herbst hinein stehen Straßenfeste im Zeichen des Weins. Zu den Höhepunkten im Festkalender zählen die „Historische Geißbockversteigerung" in Deidesheim, das „Deutsche Weinfest" in Neustadt mit der Wahl der Pfälzer und der Deutschen Weinkönigin und Deutschlands größtem Winzerumzug. Bad Dürkheim wartet mit dem berühmten „Wurstmarkt" auf, dem größten und ältesten Weinfest der Welt. Zum Parcours der Weinseligkeit wird die Weinstraße alljährlich am letzten Sonntag im August. Auf ihrer gesamten Länge, von Schweigen-Rechtenbach im Süden bis Bockenheim im Norden, ist sie für den

motorisierten Verkehr gesperrt. Winzer öffnen ihre Höfe und in allen Weinstraßengemeinden gibt es ein buntes Unterhaltungsprogramm mit vielen Attraktionen für Jung und Alt. Mehrere hunderttausend Gäste lassen Jahr für Jahr am Erlebnistag Deutsche Weinstraße die Pfalz hochleben.

„Rothenburg der Pfalz" nennt sich Freinsheim, ein Schmuckstück mit wuchtigen Toren und mächtigen Türmen, in denen man sogar wohnen kann. Einzigartig in der Pfalz ist die fast vollständig erhaltene 1,3 Kilometer lange mittelalterliche Stadtmauer, die den historischen Stadtkern ringförmig umschließt. Die Urlaubsregion Freinsheim wirbt mit dem Slogan „Einheit mit Vielfalt". Gemeint ist eine Landschaft, die neben Wein, Obst und Wald auch Kultur zu bieten hat, romantische Orte mit beschaulichen Gassen, stattlichen Herrschaftshäusern und herausgeputzten Winzerdörfern.

In Kallstadt fügen sich historische Winzerhöfe und stattliche Fachwerkbauten zu einem gepflegten Ortsbild. Weit über die Pfalz hinaus ist der schöne Winzerort

Enge Gässchen in Freinsheim

bekannt für den Saumagen, der hier nicht nur das urpfälzische Nationalgericht, sondern auch eine berühmte Weinlage ist. Auch in Weisenheim am Berg, idyllisch zwischen Wald und Reben gelegen, haben sich schöne Winzerhäuser aus dem 16. bis 19. Jahrhundert erhalten.

Im Herzen der Mittelhaardt liegt Wachenheim, einer der berühmtesten Weinorte der Pfalz. Reste der Stadtbefestigung, stimmungsvolle Arkadengänge, urige Winzergassen und ehemalige Adelshöfe verleihen dem Städtchen eine ganz besondere Atmosphäre. Als Ruine blieb die Wachtenburg nach dem Pfälzischen Erbfolgekrieg zurück; ihren Namen trägt die zweitgrößte und zweitälteste Winzergenossenschaft der Pfalz, zu der sich Wachenheimer Weinbauern zusammengeschlossen haben.

Dass sich bereits die Römer in der Gegend wohlgefühlt haben, beweisen die als Freilichtmuseum rekonstruierten Fundamente einer Villa Rustica aus dem 2. Jahrhundert an der Straße nach Friedelsheim.

Zur Verbandsgemeinde Wachenheim gehört neben Friedelsheim und Gönnheim auch Ellerstadt, das nicht nur wegen seiner hervorragenden Rotweine sondern auch wegen seiner wundervollen Pfirsiche bekannt ist. Seit 1875 werden hier erwerbsmäßig Pfirsiche angebaut – länger als sonst irgendwo in Deutschland.

Im „Großen Faß" von Bad Dürkheim

DIE WINZER VOM SONNENBERG

Weinkenners entzücken. 1938 schlossen sich weitsichtige Winzer zu einer Erzeugergemeinschaft zusammen um sich durch gemeinsamen Weinausbau und -verkauf ihre Existenz zu sichern.

Was als Notgemeinschaft in wirtschaftlich schweren Zeiten begann, ist heute ein florierendes Unternehmen. Zweiundzwanzig Mitglieder, darunter sieben Profi-Winzer, bewirtschaften nach naturnahen Gesichtspunkten und strengen Qualitätsregeln eine Rebfläche von etwa 70 Hektar. Die überschaubare Betriebsgröße erlaubt es, die Erzeugergemeinschaft – sie wählte die bekannteste Weisenheimer Weinlage Sonnenberg zum Namenspatron – wie ein Weingut zu führen, den direkten Kontakt zu den Kunden zu pflegen, innovativ zu sein und immer die Nase vorn zu haben. Klasse statt Masse heißt das Erfolgsrezept im modernen Weinbau.

Nach Lagen, Sorten und Güteklassen werden die Trauben schon bei der Lese getrennt. Unter der Obhut des Kellermeisters Rainer Acker gärt der junge Most in Edelstahltanks, reift teilweise in Holzfässern und wird nach den Erkenntnissen der modernen Kellerwirtschaft ausgebaut zu lieblichen, halbtrockenen und trockenen Weinen. Für

Ⅾer Weinbau prägt das Leben im Edelweinort Weisenheim am Berg. Im milden und ausgeglichenen Klima reifen auf den sonnigen Hängen des Haardtrands edle Tropfen heran, die Herz und Gaumen jedes

Die Winzer vom Sonnenberg e.G.

Leistadter Straße 10
67273 Weisenheim am Berg
Heinz Sauer, Dieter Keller
Telefon   0 63 53 / 10 22
Telefax   0 63 53 / 20 18
E-Mail   info@winzer-sonnenberg.de
www.winzer-sonnenberg.de

jede Geschmacksrichtung sind die Winzer vom Sonnenberg gerüstet. Schon bei der Auswahl der Rebsorten heißt es, den richtigen Weg zu finden zwischen Tradition und Moderne. Die Weintrinker sind es letztendlich, die über den Erfolg am Markt bestimmen. Auch dabei kommen die Winzer vom Sonnenberg den Kundenwünschen entgegen.

Mehr als die Hälfte der Anbaufläche ist mit roten Sorten bepflanzt, gerade hier paart sich bei den Weisenheimer Winzern die Liebe zu den Klassikern Dornfelder, Spätburgunder und Portugieser mit der Lust auf Neues. Spät- und Auslesen von Merlot, Dornfelder, Spätburgunder und von erfolgreichen Neuzüchtungen wie Cabernet Cubin, Cabernet Dorsa und Acolon reifen neben

Cuvées im kleinen Barrique-Holzfass zu harmonischen und körperreichen Spitzengewächsen und machen die Sonnenberger auch im internationalen Vergleich erfolgreich. Auch den Weißweinen lässt man vom Rebstock bis zur Flasche höchste Sorgfalt angedeihen.

Ausgesuchte Spitzenqualitäten präsentieren sich unter dem Namen „Favorit" in eleganten und schlanken antik-grünen Flaschen in trockener Geschmacksrichtung, für Freunde der lieblichen Weine wurde die Exklusiv-Serie „Bouquet" kreiert und auf schlanke weiße Flaschen gezogen. Zahlreiche Prämierungen, Auszeichnungen und Ehrenpreise belegen das Qualitätsdenken der Winzer vom Sonnenberg. Im Hause hergestellte prickelnde Winzersekte in außergewöhn-

licher Vielfalt und hochwertige Schnaps-Spezialitäten garantieren, dass der Kunde alles aus einer Hand erhält.

Nun hängt der Erfolg einer Erzeugergemeinschaft nicht nur vom Engagement aller Beteiligten, sondern auch vom Fachwissen und Können des Geschäftsführers ab. Seit einem halben Menschenleben ist Winzer Heinz Sauer Vorstandsmitglied und Geschäftsführer der Winzer vom Sonnenberg. Bei den Kunden hat er sich einen Namen gemacht und seinem konstanten Qualitätsdenken ist es zu verdanken, dass Weisenheimer Weine in ganz Deutschland einen hervorragenden Ruf genießen.

Wer auf seiner kulinarischen Entdeckungsreise selbst zu den Winzern vom Sonnenberg kommt, der wird von den Mitarbeitern mit Liebenswürdigkeit und Herzlichkeit empfangen. Das persönliche Gespräch, die individuelle Beratung und natürlich die Weinproben sind hier genau so selbstverständlich wie die offenen Türen an 360 Tagen im Jahr. Mit einem Rundbrief halten die Sonnenberg-Winzer Kontakt zu ihren Kunden; mehrmals im Jahr informieren sie über Neues und laden zu Betriebsbesichtigungen, Weinproben und Weinbergsbegehungen ein.

ADMIRAL

Dezember 1998 verwöhnt die junge Gastronomenfamilie Hundt-Rupprecht im geschichtsträchtigen Haus in einer geglückten Symbiose von hervorragendem Service und kulinarischen Genüssen Gaumen und Sinne auch der anspruchsvollsten Gäste. Die Voraussetzungen dafür erarbeiteten sich die beiden in renommierten Häusern. Während ihres beruflichen Werdegangs lernten sie sich kennen und begleiteten sich auf weiteren internationalen Stationen der gehobenen Gastronomie. Im angesehenen Deidesheimer Hof hatten sie zuletzt gearbeitet – er als Küchenchef, sie als Direktionsassistentin.

Unter ihrer Regie wurde der Admiral zu einem Hort der Ruhe, zu einem wunderbaren Dreiklang aus vorzüglicher Küche, stilvollem Ambiente und herzlicher Gastfreundschaft. Ihr persönlicher Stil prägt die Atmosphäre des Hauses, alles ist aufs Wohlfühlen abgestimmt. Die eleganten Speiseräume sind hell gehalten, nur wenige geschmackvoll eingedeckte Tische vermitteln das Gefühl, bei guten Freunden zu Gast zu sein. Mehr als 40 Personen empfangen die Gastgeber nicht, so kann der junge

Der Geheime Admiralitätsrat von Neumayer, Gründer und Direktor der Seewarten Hamburg und Melbourne, wählte das einstige Jagdschlösschen im 19. Jahrhundert zu seiner Sommerresidenz. Seit

Restaurant Admiral

Leistadter Straße 6
67273 Weisenheim am Berg
Familie Hundt-Rupprecht
Telefon   0 63 53 / 41 75
Telefax   0 63 53 / 98 93 25
E-Mail   gast@restaurant-admiral.de
www.restaurant-admiral.de

Ruhetag: Montag, Dienstag

Spitzenkoch noch jedem einzelnen Gericht höchste Sorgfalt angedeihen lassen. Perfekt beherrscht Monika Hundt-Rupprecht die hohe Service-Kunst. Sie behält den Tisch und die Gäste im Auge und berät mit Kenntnis und Sachverstand bei der Auswahl der Weine und stellt für jeden das Passende zusammen.

Klein aber fein ist das Restaurant; groß ist, was Alexander Hundt-Rupprecht in seiner Küche zaubert. Voraussetzung für seine leichten und abwechslungsreichen Gerichte ist für ihn die Frische seiner Zutaten. Wo immer es möglich ist, verwendet er regionale Produkte in der Zeit, in der sie wachsen und reifen. Mit hoher Kochkunst verwandelt er Regionales und internationale Spezialitäten in feine Speisen und exzellente Menüs. Und immer sind die Gänge so ausgerichtet, dass kein Völlegefühl aufkommt,

dass man auch den köstlichen Nachtisch noch mit gutem Gewissen genießen kann. Bemerkenswert ist der Einfallsreichtum des Küchenchefs, wenn es um Fische, Krusten- und Schalentiere geht – er liebt alles, was aus dem Wasser kommt.

Festlich dekoriert sind die Tische auch im romantischen Garten, wenn bei lauen Temperaturen draußen serviert wird. In den Urlaub in südlichen Gefilden träumt sich, wer unter schattenspendenden Bäumen inmitten üppiger Blumenpracht Erlesenes aus Küche und Keller genießen darf. Rechtzeitig heißt es vorzubuchen, wenn man die einzige Übernachtungsmöglichkeit nutzen möchte, ein liebevoll eingerichtetes Zimmer mit Kochnische im Pavillon im toskanischen Hof. Doch wer möchte sich da schon selbst versorgen, wo man so göttlich speisen kann!

Gebratene Kaninchenschnecke in Portweinjus auf glaciertem Wirsing

Zutaten:

4 Kaninchenrückenstränge
100 g Steinpilze
1 Karotte
½ Stange Lauch, etwas Sellerie
50 g Fleischfarce
5 große Spinatblätter
8 Strudelteigblätter
100 g Butter
Wirsing
50 ml Gemüsefond
Salz, Pfeffer, Muskat
Für Portweinjus:
Wurzelgemüse
2 dl Portwein, 2 dl Rotwein
2 Essl. Tomatenmark
Butterflocken

Zubereitung:

Die sauber parierten Rückenstränge der Länge nach mit 2 Schnitten aufschneiden. Aneinandergelegt zwischen Klarsichtfolie leicht plattieren, würzen, dünn mit Farce und mit angebratenen Steinpilz- und Gemüsewürfelchen bestreichen.

Die gewaschenen Spinatblätter blanchieren, auf die Rückenstränge legen und das Ganze zu einer Schnecke aufrollen. Je 2 quadratisch geschnittene Strudelteigblätter mit flüssiger Butter bepinseln und in halber Höhe um die Schnecke falten. Nochmals mit Butter einstreichen und etwa 5-7 Minuten im Backofen bei ca. 220° garen. In der Zwischenzeit die blanchierten Wirsingblätter im Fond mit Butter temperieren und mit Salz, Pfeffer und Muskat abschmecken.

Aus den zerkleinerten Kaninchenknochen mit den angegebenen Zutaten den Jus kochen, reduzieren, mit Butter aufmontieren. Als Beilage eignen sich kleine Kartöffelchen und Karotten.

FREINSHEIMER HOF

freundlich und aufmerksam bedient wie im Restaurant – im „Stall" oder im „Hofzimmer".

Doch was wäre das schönste Ambiente, der beste Service ohne die entsprechende Leistung der Küche? Dafür zeichnet im Freinsheimer Hof Holger Jacobs verantwortlich, der Koch mit der interessanten Vita. Die Lust und die Liebe zu seinem Beruf wurde ihm bereits in die Wiege gelegt. Der Großvater besaß ein Hotel in Hannover, den Vater zog es als Steward und Barkeeper in die weite Welt. Seit einem Vierteljahrhundert ist er selbst in der Gastronomie tätig. Gelernt und gearbeitet hat er da, wo anerkannte Könner am Herd stehen, war lange in Kampen auf Sylt und kochte vier Jahre für berühmte Staatsgäste im Deidesheimer Hof.

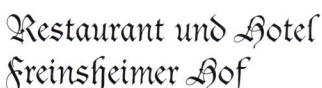

Reichlich Zeit und Muße sollte man mitbringen, wenn man Freinsheim besucht. Das mittelalterliche Städtchen, das „Rothenburg der Pfalz" hat nicht nur historisch sondern auch kulinarisch einiges zu bieten. Wir kombinieren beides und wählen den „Freinsheimer Hof". Hier genießt man im historischen Ambiente eines spätbarocken Winzerhofes hervorragende Küche und exzellente Weine.

Nach gründlicher Renovierung und Umgestaltung wurde das Restaurant mit viel Liebe und Kunstverstand eingerichtet und präsentiert sich nun seit seiner Eröffnung im Frühjahr 2000 als Schmuckstück von innen und außen. Zwei Gasträume mit Terrakotta-Böden und geschmackvoll eingedeckten alten Tischen bilden die stilvolle Umgebung, damit der Tafelschmaus zum Erlebnis wird. Im ehemaligen Pferdestall sitzt man unter der gewölbten Decke zwischen Säulen am großen offenen Kamin, an den Wänden wechseln beeindruckende Kandelaber mit moderner Kunst. Im Sommer wird man im mediterranen Innenhof mit seinem üppigen Blumenschmuck genau so

Restaurant und Hotel Freinsheimer Hof

Breite Straße 7
67251 Freinsheim
Holger Jacobs
Telefon   0 63 53 / 5 08 04-10
Telefax   0 63 53 / 5 08 04-15
E-Mail   freinsheimer.hof@t-online.de
www.freinsheimer-hof.de

Ruhetag: Mittwoch, Donnerstag

Mit Fernsehkoch Johannes Lafer gründete er in Guldental die Kochschule „Table d'Or" und war einige Jahre ihr Leiter. An mehr als hundert Kochsendungen im Fernsehen wirkte er als „der Erste hinter dem Ersten" mit. Als Co-Autor gab er mit Lafer Kochbücher heraus, bereitete als Food-Stylist Menüs für Aufnahmen in Zeitschriften und Kochbüchern vor, kochte auf der ganzen Welt für Georg Wiedemanns Essigpräsentationen. Im Freinsheimer Hof steht der Vollblutkoch einer sterneerfahrenen Mannschaft vor und verwirklicht seinen eigenen Stil einer Spitzenküche mit frischen natürlichen und saisongemäßen Bioprodukten. Wichtiger als besondere Auszeichnungen sind ihm die Zufriedenheit der Gäste. Der Markt und die Jahreszeiten entscheiden, was gekocht wird. Seine besondere Liebe gilt dem Fisch und den Meerestieren und so findet sich auf der Speisekarte neben bemerkenswerten Fleischgerichten und vielversprechenden vegetarischen Angeboten Fisch in allen Arten und Variationen.

Wohlbestückt ist der Weinkeller mit den edlen Gewächsen des zum Hause gehörenden Weingutes Langenwalter-Gauglitz sowie mit regionalen und internationalen Tropfen; als passende Umrahmung machen sie Esskultur und Tafelfreuden komplett. Wer sich nach einer ausgedehnten Mahlzeit, einem guten Wein zu später Abendstunde nicht mehr hinters Steuer setzen möchte, der steigt vom südländisch-heiteren Innenhof hinauf zum Arkadengang, zu Freinsheims kleinstem Hotel, das vier elegant ausgestattete Zimmer birgt.

Confit von der Dorade

Zutaten:

2 Doraden (Goldbrassen) à 500–600 g
2 Thymianzweige
Schale von 1 Limone
750 ml Olivenöl
Meersalz, Pfeffer aus der Mühle

Zubereitung:

Die Doraden schuppen, ausnehmen und filetieren. Von den Filets die Stehgräten ziehen, in kaltem Wasser kurz wässern, abtrocknen. Die Filets mit den Thymianzweigen und der Limonenschale belegen. Das Olivenöl in einen breiten Topf füllen, die Doradenfilets mit Salz und Pfeffer würzen. Das Öl auf 50° erhitzen, die Filets nebeneinander einlegen und bei konstanter Temperatur in 10-12 Minuten garen.
Limonenschale und Thymianzweige entfernen, die Filets aus dem Öl herausheben., auf einer cremigen Polenta anrichten. Dazu wird ein Tomatengemüse mit schwarzen und grünen Oliven serviert.

KALLSTADTER HOF

Der Koch heißt Johannes Heller, Konditor hat er außerdem gelernt. Erfahrungen sammelte er in angesehenen Häusern Deutschlands und der Schweiz; Wanderjahre führten ihn bis nach Hawaii, nun ist er Küchenchef im Kallstadter Hof. Ambiente, Herzlichkeit und Gastlichkeit schafft als soignierter Gastgeber Baron von Imhof. Behutsam hat er den Stil des Hauses mit seiner persönlichen Handschrift geprägt. Höchste Qualität zu gastfreundlichen Preisen – das ist seine Philosophie. Ein Winzerhof war der Kallstadter Hof einst; sein Ursprung reicht zurück bis ins 17. Jahrhundert. Mit viel Liebe zum Detail wurde das denkmalgeschützte Gebäude zu einem Hotel-Restaurant umgebaut, zu einem Schmuckstück des an gepflegten Häusern wahrhaftig nicht armen idyllischen Winzerdorfes.

Johannes Heller fühlt sich der Pfälzer Küche verbunden, wagt aber auch mal einen Blick über den Topfrand ins Elsass. Meisterhaft interpretiert er die klassische bodenständige Küche und bietet sie in verfeinerter gehobener Art dar – zu einem Preis, der sie noch erschwinglich macht und Gäste gern wiederkommen lässt. Er kauft ein, was die Region hergibt und verwendet im Jahreslauf, was die Saison bietet. Auch der

𝔐an nehme – einen talentierten und kreativen Koch, füge eine gute Portion Herzlichkeit und Gastlichkeit zu, vermische alles gut und gebe es in ein stilvolles Ambiente – schon ist man beim Kallstadter Hof.

Hotel Restaurant Kallstadter Hof

Weinstraße 102
67169 Kallstadt
Alexander Baron von Imhof
Telefon   0 63 22 / 89 49
Telefax   0 63 22 / 6 60 40
E-Mail   Kallstadterhof1@aol.com
www.kallstadterhof1.com

Ruhetag: Mittwoch

verwöhnte Gaumen findet unter seinen Angeboten das Passende. Im zweiwöchentlichen Rhythmus ändert der Küchenchef die Karte, ergänzt wird sie von einer stets frischen Tagesempfehlung.

In gepflegter Atmosphäre kann man sich nun den Gaumenfreuden hingeben: im urgemütlichen Restaurant mit viel edlem Holz, in dem an kalten Tagen ein schöner alter Kachelofen behagliche Wärme verbreitet – oder im heiteren in mediterranem Stil gehaltenen Kallstadter Hof-Zimmer, dessen helle Farben die Erinnerung an Sonne, Sand und Meer wach rufen und das wie geschaffen ist für unbeschwerte Feierstunden in froher Runde. Zum unvergesslichen Erlebnis werden stilvolle Festlichkeiten in der ganz besonderen Atmosphäre des historischen Sandstein-Gewölbekellers. Toskanisch gibt sich in der warmen Jahreszeit der Innenhof

mit seinem südländischen Blumen- und Pflanzenschmuck. Er wird zum beliebten Gartenrestaurant, in dem sommerlich-leichte Gerichte mit mediterranem Einschlag besonders gut munden.

Die geschickt zusammengestellte Weinkarte wiederum ist eine Reverenz an die Pfalz – auf ihr findet man große Gewächse von renommierten Pfälzer Weingütern. Gern werden die neu gestalteten und individuell eingerichteten Gästezimmer mit ihrem unverwechselbaren Charme von Geschäftsreisenden und Urlaubern in Anspruch genommen; auch bei längerem Verweilen lassen sie keinen Komfort vermissen.

So fügt sich im Kallstadter Hof alles zu jener Atmosphäre die man sich für unbeschwerte Urlaubstage wünscht – da wo die Pfalz am schönsten ist.

Perlhuhnbrust nach Straßburger Art

Zutaten:

2 Perlhühner
4 Scheiben frische Gänsestopfleber (à ca. 30 g)
Salz, Pfeffer
25 g Mehl
1 Ei
2 Scheiben Weißbrot
50 g Butter

Soße:

Karkassen der Perlhühner
1 Zwiebel
1 Karotte
2 Tomaten
1 Bouquet garni
0,25 l Silvaner
1 Glas Portwein
1 Tasse Crème fraîche
100 g Butterwürfel

Zubereitung:

Brustfilets der Perlhühner vorsichtig ablösen, Haut abziehen. Taschen in die Filets schneiden, Gänseleberscheiben hineinlegen, Fleisch wieder zusammendrücken. Salzen, pfeffern, in Mehl wenden, durch das verquirlte Ei ziehen und in den frisch geriebenen Weißbrotbröseln drehen.

Die Butter erhitzen. Wenn sie aufschäumt, Fleisch hineinlegen, auf beiden Seiten goldbraun braten. Die Brustfilets auf Küchenpapier entfetten, auf einer vorgewärmten Platte warm stellen.

Aus den angegebenen Zutaten die Soße bereiten, mit Portwein und Crème fraîche vermischen, auf die Hälfte einkochen. Butter in die Soße geben, abschmecken.

APFELGUT ZIMMERMANN

Weinstädtchen der Pfalz. Dennoch finden wir hier eine Familie, die sich ganz bewusst schon vor Jahren für den Obstbau entschieden hat. Als mit Peter Zimmermann die heutige Generation in den Familienbetrieb einstieg, begann er mit Äpfeln zu experimentieren. Eigenständige Apfelprodukte sollten es allerdings sein, keinesfalls eine Konkurrenz zum Wein. Seine Ausbildung zum Weinbautechniker kam Peter Zimmermann dabei zu Gute.

Zum Zimmermann'schen Apfelgut gehören über 8 Hektar Reben, deren Ertrag an die Winzergenossenschaft geliefert wird. Auf 5 Hektar beläuft sich der Obstbau, davon wiederum entfallen 3,5 Hektar auf die Äpfel. Apfelgut nennt Peter Zimmermann den Betrieb, seit er ihn 1998 von seinen Eltern übernommen hat – und seither dreht sich für ihn (fast!) alles um den Apfel. Die Obstanlagen werden nach biologisch orientierter Arbeitsweise bewirtschaftet und das garantiert den Kunden gesunde Produkte. 24 verschiedene Apfelsorten, vom „Arlet" bis zum „Zuccalmaglio" für die verschiedensten Verwendungszwecke hat er im Angebot. Apfel ist nicht gleich Apfel! Jede Sorte besitzt einen ganz allein für sie

Spricht man von Wachenheim, so denkt wohl jeder an Wein – schließlich gilt der malerische Ort als eines der berühmtesten

Apfelgut Zimmermann

Bahnhofstraße 36
67157 Wachenheim a.d. Weinstraße
Familie Zimmermann
Telefon   0 63 22 / 6 66 70
Telefax   0 63 22 / 6 61 78
E-Mail
Apfelgut-Zimmermann@t-online.de

typischen Geschmack, einen anderen
Säuregehalt und auch die Haltbarkeit ist
nicht gleich.

Da gibt es die alten robusten an das örtliche
Klima angepassten Sorten sowie zahlreiche
Neuzüchtungen. Hohe Ansprüche werden
an sie gestellt. Der Baum und die Früchte
sollen resistent sein gegen Krankheiten und
Schädlinge, die Äpfel sollen lange lager-
fähig sein und gut schmecken müssen sie
außerdem. Auf den Punkt gebracht heißt
dies: Alle Sorten, die beim Aromatest die
Nase vorn haben, findet man beim Apfelgut. Natürlich kennt Peter Zimmermann die
sortentypischen Eigenschaften seiner para-
diesischen Früchte, weiß genau, ob sie sich
zum Backen, Braten oder Dünsten eignen –
oder ob man sie am besten gleich frisch aus
der Hand genießt. Fachmännisch kann er
beim Einkaufen beraten und spätestens bei

einem „Versucherle" findet jeder seinen
persönlichen Apfel.

Kirschen, Zwetschgen, Birnen und herrlich-
aromatische Sommerpfirsiche aus eigenem
Anbau – bald kommen noch Aprikosen
dazu – sind bei Zimmermanns erntefrisch
zu haben. Fast das ganze Jahr über Saison
haben die Äpfel. Im Kühlhaus werden sie
gelagert und bis ins Frühjahr hinein frisch
und knackig angeboten.

Die knorrigen Bäume der Streuobstwiesen
sind Lieferanten für Zimmermanns reinen
Keltersaft und für seine Destillate. Außer
Apfelbrand stehen Mirabellen-, Birnen-,
Pfirsich- und Holunderbrand zur Wahl,
Quitten und Schlehen sind als Geiste destil-
liert. Von Mutter Gudrun und Ehefrau Sonja
liebevoll gekochte fruchtige Marmeladen
und Gelees ergänzen das Angebot.

Niedrigstämmige Bäume, die leicht abzu-

ernten sind, bringen das sogenannte
Tafelobst; dies ist außerdem der
Grundstock für Zimmermanns sortenreinen Apfelwein und den ebenfalls
sortenreinen Apfelsekt. In traditioneller Flaschengärung wird der
Most zum prickelnden Schaumwein,
der den Vergleich mit dem Namens-
bruder aus Rebensaft nicht zu
scheuen braucht. Kenner schätzen
Zimmermanns Apfel-Secco als
leichtes perlendes Getränk für laue
Sommerabende.

Als Gesundheitselixier, als Fitmacher
oder zur Verfeinerung von Speisen
erhält man im Apfelgut hochwertige
Essige. Eine ganz besondere
Spezialität – leider bisweilen nur in
geringen Mengen zu haben – ist
Zimmermanns Balsamessig. Der
frische Apfelsaft wird in einer
burgundischen Essigmanufaktur
nach altem Verfahren eingedickt
und langsam vergoren. In kleinen
Eichenfässern darf er bis zur
Abfüllung ruhen – eine Delikatesse!
Zum Erlebnis, auch zum kulinarischen, werden Zimmermanns
Apfelprobiertage immer am ersten
Wochenende im Oktober. Da öffnet
die Familie Hof und Garten – und
dann dreht sich wirklich alles um
den Apfel! Im zweijährigen Turnus
zeigt Peter Zimmermann im
Frühling bei einer „kulinarischen
Apfelreise" zusammen mit nam-
haften Gastronomen, was man alles
mit dem Apfel machen kann.

METZGEREI HAMBEL

Pfälzer Spezialitätenmetzgerei

Hintergasse 1
67157 Wachenheim
Klaus Hambel
Telefon   0 63 21/46 13
Telefax   0 63 21/6 88 09
E-Mail   info@metzgerei-hambel.de
www.metzgerei-hambel.de

Ruhetag: Mittwoch und Samstag
ab 13 Uhr

Auf den Spuren des pfälzischen Leib- und Magengerichts, des Saumagens, kommen wir zur Spezialitätenmetzgerei Hambel in Wachenheim. Scheune und Stallungen des schönen alten Gebäudes aus dem 17. Jahrhundert wurden zu einer modernen Wurstküche mit allen erforderlichen Anlagen und zu Kühlräumen umgebaut. Vater Walter Hambel betrieb noch die Landwirtschaft und schlachtete als gefragter „Adventsmetzger" in guten Häusern und Spitzenweingütern. Seine hausmacher Wurst wurde so sehr gelobt, dass er sich schließlich auf Dosenwurstherstellung im eigenen Haus verlegte.
Sohn Klaus trat in die Fußstapfen des Vaters und als er 1985 seine Meisterprüfung

abgelegt hatte, wurde die „Metzgerei Klaus Hambel" als Fachgeschäft angemeldet. Man spezialisierte sich auf den „Gipfel aller Schlachtgenüsse", den Saumagen. Seit Altbundeskanzler Helmut Kohl während seiner langjährigen Amtszeit illustre Staatsgäste aus der ganzen Welt mit der herzhaften Spezialität bewirtete, kam das einstige deftige Bauerngericht in kultivierter Form international zu Ruhm und Ehren. Maßgeblich beteiligt an seiner glanzvollen Renaissance war und ist Klaus Hambel. Doch der sympathische Metzgermeister ist mehr als der „Saumagenkönig der Pfalz"; zu seinem Repertoire gehören all die berühmten Pfälzer Wurstspezialitäten. Ausschließlich schlachtfrisches deutsches Schweinefleisch wird in der Wachenheimer Wurstküche verarbeitet zu den beliebten hausmacher Delikatessen, die in der Pfalz so anders schmecken als sonst irgendwo und denen er mit Naturgewürzen das ganz spezielle Aroma gibt.
Die Stammkunden wissen, dass Woche für Woche montags ab 16 Uhr die Blut- und Leberwürste kesselfrisch zum Verkauf anstehen und dass in der kühleren Jahreszeit ein übers andere Mal „Wurschtsupp" kostenlos dazu abgegeben wird, wenn man nur sein eigenes Gefäß dafür mitbringt. Dienstag ab 11 Uhr sind die Leberknödel fertig, frisch und noch heiß vom Blech finden sie reißenden Absatz. An die 2500 Stück fertigen Hambels wöchentlich für Privatkunden und für die Gastronomie. Mittwochs wird der Schwartenmagen gemacht, donnerstags kann er dann frisch im Laden erstanden werden.
Freitag ist Saumagentag! Da geht's bei Hambels wirklich rund. Seit Jahren füllen sie die Mägen nach dem gleichen Qualitätsprinzip und wie wohl jeder Metzger hat auch Klaus Hambel sein ganz ureigenes Rezept, die besondere Mischung aus Zutaten und Gewürzen, die er interessierten Kunden gerne preisgibt. Nur hochwertige Zutaten kommen bei ihm in die Mägen: mageres Schweinefleisch, gewürfelte Kartoffeln und eben die Mischung aus Naturgewürzen, die

Hambels Saumagen zum unnachahmlichen
Geschmackserlebnis werden lassen. Ein
guter Saumagen ist zwar ein herzhaftes
aber keinesfalls ein fettreiches Gericht.
Sind die sackartigen Gebilde gefüllt, werden
sie zugebunden und in großen Kesseln etwa
3 Stunden eher gegart als gekocht. Ab 11 Uhr
liegen sie dann zu Dutzenden, manchmal
bis zu 100 Stück, zum Abkühlen auf langen
Tischen im Hof – vom kinderkopfkleinen
bis zum kürbisgroßen Exemplar. Durch eine
gläserne Wand kann man alles beobachten
und vielleicht schon seinen ganz persönlichen Magen aussuchen. Als Ganzes oder als
fingerdicke Scheiben nimmt man ihn mit
nach Hause. Auf beiden Seiten knusprig
angebraten, von Sauerkraut umkränzt und
von Kartoffelpüree oder einem kräftigen
Bauernbrot begleitet, wird er zum kulinarischen Pfalzerlebnis.

Per Schnellpaket gehen die
Spezialitäten an Kunden in ganz
Deutschland und halb Europa; bei
Hambel kauft selbst die
Spitzengastronomie. Auf Wunsch
verfeinert Hambel die Füllung mit
Rosinen, Pilzen und in den
Wintermonaten mit Kastanien.
Nach wie vor ist die Wachenheimer
Spezialitätenmetzgerei ein
Familienbetrieb. Der Vater hilft,
unterstützt von einem weiteren
Meister und einem Gesellen, mor-
gens in der Wurstküche. Schwester
Katja und Ehefrau Silvia helfen im
Verkauf, die Mutter kocht das Essen
für die ganze Mannschaft und steht
wie Klaus Hambel selbst auch mal
hinter der Theke, wenn die Kunden
Schlange stehen.

WEINGUT SCHNEIDER

ist sie auf 16 Hektar angewachsen. Mehr als 20 Hektar sollen es nicht werden, damit die Arbeit noch von der Familie bewältigt werden kann.

Markus Schneider weiß, wie man gute Weine macht – und wie man sie vermarktet. Er ist ein Weinmacher der ganz besonderen Klasse geworden, ein Pfälzer Winzertalent, das mit hervorragenden Produkten auf sich aufmerksam macht. Solch ein Erfolg kommt nicht von ungefähr. Harte Arbeit, große Investitionen und die Leidenschaft für den Wein machten den jungen Betrieb zu einem erfolgreichen Weingut und Markus Schneider zur Neuentdeckung des Jahres 2000 in der Pfälzer Weinbau-Szene.

Der dynamische Jungwinzer veränderte in seinem Betrieb die Rebstruktur. Er setzt seinen Schwerpunkt auf klassische und internationale Sorten, bevorzugt die weißen und roten Burgunder, die er betont fruchtig ausbaut. Merlot, Cabernet-Sauvignon, Cabernet-Franc, Chardonnay und St. Laurent hat er gepflanzt und in nächster Zukunft wird es auch einen Sauvignon Blanc geben. Natürlich darf in der Pfalz der rassige Riesling, der König der Weißweine, nicht fehlen und auch der Bukett-Sorte Traminer lässt Markus Schneider höchste Sorgfalt angedeihen.

Bei Rotweinen setzt er auf die traditionelle Maischegärung, den Ausbau im Holzfass und den biologischen Säureabbau, bei Weißweinen auf Ganztraubenpressung und Kaltvergärung. Unter der behutsamen Fürsorge des Winzers darf sich der junge

$\mathscr{S}$eit Generationen betreibt Familie Schneider in Ellerstadt Obst- und Weinbau. Doch erst seit Markus Schneider 1994 als 18-jähriger Jungwinzer in den Betrieb eingestiegen ist, wird der Wein in Flaschen abgefüllt und selbst vermarktet. Noch immer ist das Weingut ein Familienbetrieb. Vater Klaus und Mutter Rosi helfen mit wo's nötig ist und betreiben die 12 Hektar Obstanbau mit Kirschen, Äpfeln, Zwetschgen, Mirabellen und den begehrten Pfirsichen. Für den Weinbau ist Sohn Markus zuständig. Begonnen hat er mit einem „Startkapital" von knapp 8 Hektar Rebfläche, inzwischen

Weingut Schneider

Georg-Fitz-Straße 12
67158 Ellerstadt
Familie Schneider
Telefon   0 62 37 / 72 88
mobil   01 77 / 31 13 6 81
Telefax   0 62 37 / 37 39
E-Mail   WeingutSchneider@t-online.de
www.zum-wohl-die-pfalz.de

Most im Holzfass oder im Edelstahltank zu natürlichen Weinen mit markantem Charakter, fruchtigem Duft und feinherbem Geschmack entwickeln – zu kraftvollen vollmundigen Tropfen mit exotischen Aromen und fein ausbalancierter Säure. Für seine wirklich großen Weine gehört auch das kleine Holzfass namens Barrique zu Markus Schneiders Repertoire. Er ist Mitglied im Pfälzer Barrique-Forum; durch gezielte Belegung neuer und benutzter Fässer erreicht er delikate Barrique-Aromen und eine außergewöhnliche Duftfülle. Riesling, Weißburgunder, weißgekelterter Spätburgunder und Chardonnay reifen nach klassischer Flaschengärung zum prickelnden Sekterlebnis. Zum Renner wurden Schneiders hochwertige Seccos aus Riesling- und Chardonnaytrauben, leicht und heiter mit südländischem Flair.

Die wachsende Zahl der Freunde des Weins aus dem Ellerstadter Weingut sind der beste Beweis für Markus Schneiders erfolgreiches Konzept. Schneider-Weine findet man im Top-Fachhandel, sie stehen auf der Wein-karte renommierter Restaurants und gelten als ideale Essensbegleiter. Sogar Weinkenner aus Belgien, England und aus den USA wissen die edlen Tropfen zu schätzen, und im September 2000 präsentierte Markus Schneider seine Weine im deutschen Konsulat in New York.

Stammkunden, die eine persönliche Beratung zu schätzen wissen, kaufen am liebsten vor Ort. In der gemütlichen Probierstube im schmucken, liebevoll renovierten Winzerhaus kann man bei einer individuellen Probe die Weine verkosten und auswählen. Wenn Schneiders im toskanisch anmutenden Garten hinterm Haus zwischen Palmen, großen Oleander-bäumen und Feigen im April ihre Jahrgangsweine präsentieren, ist der Andrang groß. Aus Mutter Rosis Küche kommen die dazu passenden Leckerbissen. Doch was wäre ein Pfälzer Weingut ohne sein Hoffest? Am 3. Wochenende im Juli öffnet das Weingut Türen und Tore in Keller, Haus und Garten und lädt zum Sommerfest, zum Höhepunkt von Gastlichkeit und weinseliger Feststimmung.

SPARGEL- UND OBSTHOF WALTER

Kalender bestimmt, sondern von der Witterung. Ist es dann soweit, dass die ersten zarten Stangen die Erdwälle durchbrechen wollen, dreht sich auch bei Familie Walter in Gönnheim alles um den Spargel. Als Karl-Heinz und Ulla Walter den Betrieb 1977 von seinen Eltern übernahmen, erweiterten sie die Sonderkulturen und begannen mit der Direktvermarktung von Spargel und Obst.

Während der Spargelsaison ist der Hofladen sieben Tage in der Woche von 9 bis 19 Uhr geöffnet. Doch lange, bevor sich die ersten Kunden dort einfinden, beginnt die Arbeit auf den Feldern. Täglich – bei hohen Temperaturen sogar zweimal – muss der Spargel gestochen werden. Nach wie vor geschieht dies in wohlgekonnter Handarbeit, denn keine Maschine, keine Technik kann bis heute den Menschen ersetzen, das Fingerspitzengefühl und das geschulte Auge, das vom Spargelernter verlangt wird. Ohne gute Saisonarbeitskräfte aus Osteuropa wäre diese Arbeit nicht zu schaffen.

Während Verfechter des unverfälschten Spargelgenusses immer noch auf die weißen Stangen schwören, werden Grünspargel bei Feinschmeckern wegen ihres kräftigeren nussigen Geschmacks immer beliebter. Die

Frisch gestochener Spargel, in der Anbauregion genossen, das bedeutet einen Hauch von Frühling, Genuss von unvergleichlichem Geschmack. Echte Feinschmecker warten daher auf den Beginn der einheimischen Spargelsaison und die wird nicht exakt vom

Spargel-
und Obsthof Walter

Ludwigstraße 50
67161 Gönnheim
Ulla und Karl-Heinz Walter
Telefon   0 63 22 / 6 69 64
Telefax   0 63 22 / 81 38

Sprosse werden über dem Boden abgeschnitten, wenn sie eine Länge von 15-20 cm erreicht haben. Die zarten grünen Stangen haben eine kürzere Garzeit und müssen kaum geschält werden. Etwa 10% ihrer Anbaufläche räumen Walters dem Grünspargel ein.

Die frisch gestochenen Spargel werden vom Feld zum Hof gebracht, dort gewaschen, auf eine Kerntemperatur von 2 Grad über dem Gefrierpunkt runtergekühlt und dann sortiert. Eine Wasch- und Abschneidemaschine erleichtert die Arbeit. Die fertigen Spargel werden bei Walters geeist und vor dem Verkauf oder Weitertransport im Kühlhaus gelagert. Durch das Eisen bleiben die Stangen knackig und versprechen beim Verzehr höchsten Spargelgenuss.

Die zahlreichen Auszeichnungen, welche der Betrieb mit Integriertem Landbau schon erhalten hat, sprechen für die Qualität der Produkte. Während der kurzen Saison kommen Kenner von weit her zu Walters, um bei „ihrem" Spargelbauern die Stangen erntefrisch zu erstehen. Das delikate und gesunde Gemüse bestimmt nun für etwa zwei Monate ihren Speisezettel. Dabei kann man ruhig jede Zurückhaltung aufgeben – 100 g gekochter Spargel hat nur etwa 13

Kalorien. Will man sich das zeitaufwändige Schälen ersparen, erledigt das auf dem Spargelhof ebenfalls eine Maschine. Vor allem die Gastronomie aber auch die Privatkunden greifen immer mehr auf dieses Angebot zurück, man lässt sich das erntefrische Stangengemüse fix und fertig und in höchster Qualität in die Küche liefern. Selbst für Privatkunden im Raum Bad Dürkheim haben Walters einen „Spargel-Bring-Dienst" eingerichtet und liefern nach Vorbestellung ins Haus.

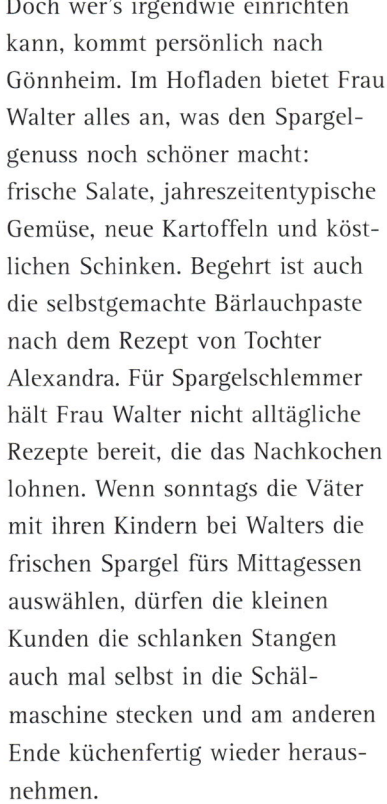

Doch wer's irgendwie einrichten kann, kommt persönlich nach Gönnheim. Im Hofladen bietet Frau Walter alles an, was den Spargelgenuss noch schöner macht: frische Salate, jahreszeitentypische Gemüse, neue Kartoffeln und köstlichen Schinken. Begehrt ist auch die selbstgemachte Bärlauchpaste nach dem Rezept von Tochter Alexandra. Für Spargelschlemmer hält Frau Walter nicht alltägliche Rezepte bereit, die das Nachkochen lohnen. Wenn sonntags die Väter mit ihren Kindern bei Walters die frischen Spargel fürs Mittagessen auswählen, dürfen die kleinen Kunden die schlanken Stangen auch mal selbst in die Schälmaschine stecken und am anderen Ende küchenfertig wieder herausnehmen.

Acht bis zehn Wochen dauert die Spargelsaison und wenn es spätestens am Johannistag, also am 24. Juni, heißt: „Kirschen rot – Spargel tot", dann schließt auch der Hofladen. Die Kunden kommen wieder, wenn Pfirsiche, Aprikosen und Zwetschgen Erntezeit haben und auf Vorbestellung bei Walters abgeholt werden können.

ZUM LAMM

Das Lamm ist ein Landgasthof im besten Sinne des Wortes, in dem trotz moderner Entwicklung die anheimelnde Atmosphäre und die Gemütlichkeit früherer Wirtsstuben erhalten blieb.

Die Lage abseits der Weinstraße garantiert Ruhe und Erholung. Ein ausgedehntes Rad-Wegenetz lädt zum gemütlichen Erkunden der reizvollen Landschaft ein; nach Bad Dürkheim mit seinen vielseitigen Wellness-Angeboten ist es nur ein Katzensprung. Gern wählt sich das kulinarisch anspruchs-volle Publikum aus den Ballungsräumen Ludwigshafen, Mannheim oder Worms den Landgasthof zum Ziel, um ohne Parkplatz-sorgen schöne Stunden zu verbringen und dabei feine Tafelkultur und gehobene Küche zu genießen.

Mit viel Liebe und Sachverstand hat Anni Weber ihr Haus mit alten Möbeln, Gemälden und all jenen Accessoires ausgestattet, die Behaglichkeit schaffen und gerade den Hauch von Nostalgie vermitteln, der das Ambiente so liebenswert macht.

Verschiedene Räume laden im Lamm zur Einkehr: die rustikal-gemütliche Gaststube mit blanken Holztischen und dem großen Tresen; festlich eingedeckt sind die Tische in der Jägerstube, der Hofstube und der Pfälzer Stube. Für Familienfeste und Feiern im größeren Rahmen bietet sich der

Schon durch sein äußeres Erscheinungs-bild lädt das Lamm in der Dorfmitte mit seiner schmucken Sandsteinfassade zum Besuch ein. Hausherrin ist in der fünften Generation Anni Weber. Als sie das Haus 1983 von ihrer Tante erbte, ließ sie es in über einjähriger Bauzeit mit viel Einfühlungsvermögen restaurieren. Sie gab ihren erlernten Beruf als Diät-Assistentin auf und widmete sich ganz dem Betrieb.

Landgasthof Zum Lamm

Bismarckstraße 21
67161 Gönnheim
Anni Weber
Telefon   0 63 22 / 95 29 - 0
Telefax   0 63 22 / 95 29 - 16
E-Mail   0632295290-l@t-online.de

Ruhetag: Montag
(Nov. – April auch So. Abend)

Tanzsaal im Obergeschoss an, wo sich bereits vor mehr als hundert Jahren das kulturelle Leben des Dorfes abspielte. Mitte der neunziger Jahre wurde die Scheune zu komfortablen Gästezimmern ausgebaut mit all den modernen Annehmlichkeiten, die sich der Geschäftsreisende oder der Feriengast von heute wünscht.

Anni Weber hat das traditionsreiche Haus zu einem Symbol echter Pfälzer Gastlichkeit gemacht. Mit einem Team von engagierten Mitarbeitern, die ihr über lange Jahre die Treue gehalten haben, sorgt sie dafür, dass jeder Gast freundlich willkommen geheißen und individuell betreut wird. Sie hat für alle Wünsche ein offenes Ohr und sorgt durch ihre herzliche Art für die behaglich-ungezwungene Atmosphäre.

Die Küche im Lamm steht unter der Leitung von Noël Matacz. Er ist im Elsass geboren und pflegt einen frankophilen Kochstil. Grundlage seiner hochgelobten Kreationen sind beste und marktfrische Grundprodukte. Mit Perfektion und Raffinesse, aber dennoch klar und schnörkellos, verarbeitet er sie zu jener Mischung aus klassischen und saisonalen Spezialitäten, die einen Besuch im Lamm zu jeder Jahreszeit interessant machen.

Zur Hochsaison für Genießer werden laue Sommerabende im Lamm. Wenn die Hitze des Tages nachgelassen hat, lädt die Winzerhof-Innenterrasse zum Verweilen und Genießen ein. Wer bei Kerzenschein und dem Duft südländischer Blütenpracht zwischen Feigen, Palmen, Oliven- und Zitronenbäumen einen romantischen Abend verbringt, der kann sehen, riechen und fühlen, dass die Pfalz wirklich die Toskana Deutschlands ist.

Wildsaukeule mit Pilzen

Zutaten:

1 Wildsaukeule mit Knochen (2–2,5 kg)
Salz, Pfeffer
Wacholderbeeren, Rosmarin
Wurzelgemüse
2–3 Zwiebeln
(im Mai noch 2 junge Fichten- oder Tannenzweigspitzen)
0,5–1 l Rotwein
300 g Steinpilze oder sonstige Waldpilze
Butter zum Braten
Preiselbeeren
eingemachte Birnen

Zubereitung:

Die Wildsaukeule mit Pfeffer und Salz würzen. Mit dem Wurzelgemüse, den gewürfelten Zwiebeln und den Gewürzen scharf anbraten. Mit Rotwein ablöschen und gut 1 1/2 Stunden schmoren lassen bis sich das Fleisch leicht vom Knochen löst. Die Soße abpassieren, nach Belieben nachwürzen und evtl. andicken.
Die gut gewaschenen Pilze in Butter braten, mit Preiselbeeren und einer Birne zum Fleisch servieren.
Dazu werden im Lamm handgeschabte Eierspätzle gereicht.

143

VON FRANKENTHAL NACH SPEYER

sind Exponate aus jener Zeit zu sehen, sie erinnern an die Zeit, als Frankenthal die reichste und schönste Stadt der Kurpfalz war.

Im Zweiten Weltkrieg sank Frankenthal in Schutt und Asche. Als lebendige und leistungsstarke Industriestadt wurde es wieder aufgebaut. Herzstück ist der hübsch angelegte Platz am Enkenberg-Museum mit der barocken Dreifaltigkeitskirche und dem Rathaus. Die verbliebenen Mauern des Augustiner-Chorherrenstifts sind Reste der bedeutenden kulturellen Impulse, die im Mittelalter von den fortschrittlichen Kirchenmännern des Stiftes ausgingen.

Von einer kleinen Hafenstadt hat sich Ludwigshafen zur Industrie-Großstadt, zur Chemiemetropole entwickelt. Größter Arbeitgeber ist die BASF, die „Anilin", wie sie meistens genannt wird. Dreißig Mitarbeiter zählte sie, als sie 1865 die Produktion aufnahm; heute besteht das

Der Dom zu Speyer

Stadtszene in Speyer

Noch heute besitzt das Frankenthaler Porzellan als vielgefragte Antiquität hohen Wert und weltweiten Ruf. Nur 45 Jahre lang wurden in der 1755 von Kurfürst

Carl Theodor eingerichteten Porzellanmanufaktur kostbares Geschirr, anmutige Figuren im Stil des Barock und Rokoko sowie allerlei anderer Zierrat hergestellt. Im Enkenberg-Museum und im Rathaus

Großunternehmen aus 350 Einzelfabriken und ist Arbeitgeber für mehr als 50.000 Menschen. 60.000 Berufstätige pendeln täglich in die Stadt; nicht wenige davon sind Feierabendwinzer und finden einen Ausgleich zur Fabrikarbeit in den Weinbergen.

Doch die größte Stadt der Pfalz hat außer Chemiewerken auch Kultur zu bieten. Das Wilhelm-Hack-Museum, benannt nach dem Kölner Wilhelm Hack, der Ludwigshafen seine Privatsammlung stiftete. Einer der Schwerpunkte ist die zeitgenössische Kunst. Für die Wechselausstellungen von internationalem Format reisen Kunstinteressierte von weit her an. Erkennungsmerkmal des Museums ist eine von Joan Miró gestaltete 55 Meter lange und 10 Meter hohe Keramikwand aus fast 9000 Kacheln.

Weithin sichtbar überragen die Türme des Doms die alte Kaiser- und Bischofsstadt Speyer. Der Salierkaiser Konrad II. legte 1030 den Grundstein für die größte romanische Kirche des christlichen Abendlandes. Ein Symbol für das himmlische Jerusalem sollte es sein und gleichzeitig ein Monument für die weltliche Macht des Kaisers.

Bis zu 2000 Menschen arbeiteten an der Errichtung des Doms, in nur 30 Jahren war der gewaltige Kirchenbau vollendet. In der Krypta des sechstürmigen dreischiffigen Doms sind acht Könige und Kaiser beigesetzt. Jahraus, jahrein, zieht das Wahrzeichen der Stadt am Rhein Millionen von Besuchern an. 1980 wurde die hochromanische Kathedrale von der UNESCO zum Weltkulturerbe erklärt. Einen schönen Blick auf die Ostseite des Doms bietet sich vom Heidetürmchen, einem Überrest der Stadtmauer aus dem 13. Jahrhundert.

Von Barockbauten gesäumt, führt Speyers Hauptstraße – die Maximilianstraße – westlich zum Altpörtel. Der 55 Meter hohe Torturm steht auf Fundamenten aus dem 11. Jahrhundert. Aus der gleichen Zeit wie der Kaiserdom stammt das original erhaltene Judenbad. Handwerker der Dombauhütte hatten das rituelle Kaltbad für die Juden angelegt, die der Bischof nach Speyer geholt hatte, weil er sich von den im Handel erfahrenen Kaufleuten Wohlstand für die Stadt versprach. Ein Gang durch das Historische Museum ist ein Gang durch die Kulturgeschichte der Pfalz, von der Steinzeit bis zur Gegenwart. Hier bestaunt man auch den ältesten Wein der Welt, in einer römischen Glasflasche aus dem 3. Jahrhundert.

Spargelernte in der Rheinebene

ZUM KRUG

Tische und Stühle und ringsum liebevoll verteilte alte Gerätschaften machen das Ambiente so liebenswert. Im Krug scheint die Zeit stillzustehen, man vergisst Stress und Hektik. Eine Scheune war der Gastraum dereinst, Teil eines denkmalgeschützten Bauernhofes, der gut und gerne 300 Jahre auf dem Buckel hat.

Karl-Heinz Neumann erwarb 1982 das alte Gebäude; keine Mühe war ihm zuviel, um das Gasthaus in ein rustikal-luxuriöses Kleinod zu verwandeln. Interessierte Gäste können sich das Album vorlegen lassen, in dem die einzelnen Umbauphasen fotografisch dokumentiert sind.

Im Krug kocht der Chef persönlich. Als Seiteneinsteiger könnte man Karl-Heinz Neumann bezeichnen, als Autodidakt der Küche. Maschinenbauer war er, bis eine schwere Krankheit ihn zum Umdenken zwang. Er machte sein Hobby zum Beruf, ist inzwischen Küchenmeister und gefragter Ausbilder. Übers Kochen hat er seine eigene Philosophie, „alte Küche – neu belebt" nennt er sie kurz und bündig. Für seine bodenständige Küche holt er sich die Zutaten aus der Region. Als gebürtiger Rheinhesse vertritt er neben der Pfälzer auch die rheinhessische Küche und hat einen gesunden Mittelweg gefunden zwischen Althergebrachtem und Neuem, zwischen Deftigem und Raffiniertem.

Manches entnimmt er alten Kochbüchern,

Schon von außen verspricht er rustikale Gastlichkeit, der Krug an der Durchgangsstraße in Beindersheim. Manch einer, der zufällig vorbei fuhr und sich vom ansprechenden Äußeren zur Einkehr verleiten ließ, kommt als Stammgast wieder, wenn er im anheimelnden Innern die kulinarischen Spezialitäten genossen hat. Urgemütlich ist der Gastraum mit den rohen Sandsteinmauern und seinen Holzverkleidungen. Mächtige Balken an der Decke, schwere

Landgasthof Zum Krug

Frankenthaler Straße 1a
67259 Beindersheim
Karl-Heinz und Thomas Neumann
Telefon   0 62 33 / 7 18 03
Telefax   0 62 33 / 37 15 10

Ruhetag: Montag

die hundert oder mehr Jahre alt sind und verwandelt die alten Rezepte mit marktfrischen Zutaten und pfiffigen Ideen in wahre Leckerbissen, die auch Gourmets aus Ludwigshafen und Worms immer wieder in den Krug locken. Nicht nur für jeden Geschmack, sondern auch für jeden Geldbeutel ist garantiert etwas dabei; reichhaltig ist auch das Getränkeangebot.

Der Service liegt im Krug ebenfalls in männlicher Hand. Sohn Thomas gab 1990 den erlernten Beruf als Dreher auf und stieg in den Familienbetrieb ein. Leicht und locker serviert er, was sein Vater in der Küche kreiert, plaudert charmant mit den Gästen und unterstreicht dadurch die persönliche Atmosphäre des Hauses. Vorbestellungen sind ratsam, denn mehr als 30 Gäste empfangen Neumanns nicht. Nur im kleinen Rahmen können sie den Maßstab

halten, den sie sich selbst gesetzt haben. Um die Wartezeit auf die stets frisch und individuell zubereiteten Speisen zu verkürzen, bekommt man zu Beginn an Sonn- und Feiertagen ein Süppchen nach „Lust und Laune des Chefs" serviert, an Wochentagen vielleicht eine Sülze oder eine andere leckere Kleinigkeit. Und ist man von den reichhaltigen Portionen rundum gesättigt und zufrieden, dann bekommt man als krönenden Abschluss noch einen selbstgemachten Hauscocktail kredenzt – der Gast ist König!

Kleine Gesellschaften, Firmen und Vereine können im Nebenzimmer ungestört feiern. Im Sommer kann man in der Gartenwirtschaft im Innenhof, wo der schäumende Gerstensaft direkt vom Fass gezapft wird, die warmen Tage und die lauen Abende genießen.

Rheinhessische Backeskartoffeln

Zutaten:

4 gepökelte Schweinshaxen
10–12 große rohe Kartoffeln
4 große Zwiebeln
2 Becher saure Sahne
Salz und Pfeffer
2 Lorbeerblätter
8–10 Streifen Dörrfleisch

Zubereitung:

Kartoffeln und Zwiebeln schälen und vierteln. Schweinshaxen in den Bräter legen, abwechselnd Zwiebeln und Kartoffeln um die Haxen schichten, mit Salz und Pfeffer abschmecken. Saure Sahne dazugeben, Lorbeerblätter obenauf legen, mit Dörrfleisch abdecken. Den Bräter verschließen und bei 120° ca. 3–4 Stunden im Backofen köcheln lassen.
Diese Spezialität gibt es nur auf Vorbestellung, im Krug wird sie im schweren gusseisernen Topf serviert.

ADAMSLUST

Seit Dieter und Christine Ellenberg 1997 die Adamslust übernommen haben, zeigt sie wiederum ein anderes Gesicht. In renommierten Häusern sammelte das engagierte und sympathische Gastronomenehepaar Erfahrungen und entwickelt nun im eigenen Haus seine Vorstellungen von vollendeter Gastlichkeit.

Aus Liebe zum Essen ist Dieter Ellenberg. Koch geworden – und ein passionierter obendrein, Küchenmeister, Mitglied der „Chaîne des Rôtisseurs" und ein Verfechter der verfeinerten Regionalküche, die er auf seine Art interpretiert. „Frische-Küche mit Pfiff" nennt der gebürtige Ludwigshafener seinen Stil und spannt gekonnt den Bogen von der Sorgfalt und dem Einfallsreichtum beim Einkauf bei qualitätsbewussten Anbietern bis zur perfekten Präsentation auf dem Teller.

Leicht, abwechslungsreich und der Saison entsprechend, frisch zubereitet und selbstgemacht ist alles, was aus Ellenbergs Küche kommt. Das gilt fürs Adamslust-Menü, das nach Einkauf, Lust und Laune des Chefs alle 2-3 Wochen wechselt, genau so wie für die appetitanregenden Vorspeisen, die verheißungsvollen Hauptgerichte und die köstlichen Desserts – und natürlich auch für den Fisch, den der kreative Koch mit aller Liebe und Sorgfalt in den verschiedensten

Eine Kapelle war das Gebäude im 16. und 17. Jahrhundert, weit draußen vor den Toren Frankenthals, das zu jenen Zeiten als reichste und schönste Stadt der damaligen Kurpfalz galt. Die Kreuzform erinnert noch heute daran. Als Ausflugslokal machte die Adamslust zu Beginn des 20. Jahrhunderts von sich reden, ländliches Ziel der Leute aus der Stadt.

Ellenbergs Restaurant
Adamslust

An der Adamslust 10
67227 Frankenthal
Dieter Ellenberg
Telefon   0 62 33 / 6 17 16
Telefax   0 62 33 / 6 82 49
www.restaurant-adamslust.de

Ruhetag: Samstag Mittag, Montag

Variationen zu bereiten versteht.
Gekonnt kombiniert der Chef de cuisine
Regionales mit Erlesenem aus der interna-
tionalen Küche, vor allem mit frankophilem
Einschlag. Das kommt nicht von ungefähr.
Dieter Ellenbergs Ehefrau Christine ist
Französin und hat das Kochen ebenfalls
von der Pike auf gelernt. Wohl durchge-
dacht haben sie die Arbeitsbereiche in Küche
und Service geteilt und nun offerieren in
der Adamslust zwei Meister ihres Fachs eine
geglückte Symbiose von hervorragendem
Service und dem gehobenen Standard feiner
Küchenkunst. Charmant kümmert sich
Christine Ellenberg um die Gäste und um
das mit viel Sachkenntnis zusammengestellte
Weinangebot und ist die ideale Vermittlerin
zwischen Küche und Gast.
Zum kulinarischen Genuss der Adamslust-
Gäste kommt die Freude am ausgewogenen

Preis- Leistungsverhältnis, das Dieter
Ellenberg ebenso wichtig ist wie die Qualität der Speisen. Längst hat ein kultiviertes
Stammpublikum und die Geschäftswelt das
anheimelnde Ambiente und die feine
Küche des Restaurants am Rande der Stadt
entdeckt. Wer in der Adamslust einkehrt,
kommt aus Freude und Lust am Essen und
am Genuss. Bei Ellenbergs wird man nicht
mit einem schnellen Business-Lunch abge-
speist und manches Geschäft wurde schon
zur Mittagszeit bei einem niveauvollen
Essen abgeschlossen.
Bei warmer Witterung kann man die
Köstlichkeiten aus Küche und Keller im
wunderschönen Gartenhof genießen.
Herrlich ruhig sitzt man auf bequemen
Stühlen unter schattenspendenden alten
Nussbäumen.

Variation von Parmesan-Hippenblättern mit geräuchertem Lachs und Kräuter-Crème fraîche

Zutaten:

100 ml Sahne
20 g Mehl
20 g Weizenpuder
20 g frisch geriebener Parmesan

Crème:

200 g Crème fraîche
frische Kräuter
Salz, weißer Pfeffer, Zitronensaft
8 dünne Scheiben Räucherlachs

Zubereitung:

Sahne leicht anschlagen und mit den
anderen Zutaten zu einer homogenen
Masse vermischen. Die Masse in 12
ca. 5 cm große Kreise auf Backpapier
spritzen und flach streichen. Im
Backofen 5-10 Minuten bei 200° ausbacken und abkühlen lassen.
Crème fraîche mit Kräutern, Salz,
Pfeffer und Zitronensaft abschmecken.
Hippenplätzchen auf Teller setzen und
Kräuter-Crème mit einem Kaffeelöffel
daraufgeben. Eine Scheibe Lachs
hinzufügen und wieder ein Plätzchen
draufsetzen. Das ganze noch einmal
wiederholen.
Mit marinierten frischen Salaten der
Saison ausgarnieren.

KAFFEE MOHRBACHER

ponieren. Auf Qualität setzte schon Hans Mohrbacher, als er 1924 eine Privat-Rösterei in Ludwigshafen eröffnete. Dreißig Jahre später trat Winfried Bischof als zukünftiger Schwiegersohn in den Betrieb ein und führt seither konsequent das Qualitätsdenken des Firmengründers fort. Über 2000 Röstereien gab es damals in Deutschland, von den 58 noch existierenden konnte sich in Rheinland-Pfalz als einzige die Privatrösterei Mohrbacher gegen die Großen behaupten. Felicitas und Winfried Bischof haben den Kaffee zu ihrer Passion gemacht. Die Qualität des begehrten Genussmittels hängt zum einen von der richtigen Auswahl des Rohproduktes ab und das sind beim Kaffee die Bohnen. Hier wiederum sind Klima, Lage, Bodenbeschaffenheit und Pflanzgut entscheidend. Für Winfried Bischof bringen nur die „strictly hard beans", die Bohnen des hochwertigen Arabica-Kaffeestrauchs aus den Hochlagen der Länder des Tropengürtels zwischen 1600 und 1800 Metern die höchste Qualität. Die hochgeschätzten Arabicas sind weich und mild im Geschmack, haben wenig Säure und dafür viel Aroma.

Die grünen Bohnen werden in großen Säcken aus dem Ursprungsland angeliefert – und nun kommt es auf die Intuition, den

$\mathfrak{K}$affee gibt es in sehr unterschiedlichen Qualitäten. Immer mehr Kaffeegenießer wollen sich nicht mehr mit dem Mittelmaß zufrieden geben und lassen sich in privaten Kaffeeröstereien hochwertige Mischungen nach ihrem persönlichen Geschmack kom-

Privat Kaffee Rösterei
Mohrbacher

Inh. Felicitas Bischof geb. Mohrbacher
Mundenheimer Straße 233
67061 Ludwigshafen
Winfried Bischof
Telefon   06 21 / 56 35 41
Telefax   06 21 / 56 93 83
E-Mail   kaffee@mohrbacher.de
www.mohrbacher.de

Sachverstand und die Fantasie des Rösters an, damit aus der Rohware ein Spitzenprodukt entstehen kann. Erst die Röstung bringt den unverwechselbaren Charakter der einzelnen Kaffeesorten zur Entfaltung und weckt die Aromen, die in der Bohne schlummern. Täglich wird bei Mohrbacher geröstet, langsam und intensiv bei etwa 200° im traditionellen Verfahren, auf das der Kaffee-Experte Bischof schwört. Jeweils 30 kg der grünen Bohnen dürfen den Gang in die Rösttrommel antreten und sie nach 15-20 Minuten wieder verlassen. Bei dieser Langzeitröstung werden Reizstoffe abgebaut, was den Kaffee besonders verträglich und bekömmlich macht. Röstproben können per Augenschein vorgenommen werden. Genau dies macht die Mohrbacher'sche Spitzenqualität zum Geheimtipp für Genießer und hebt sie so wohltuend von

Angeboten ab, bei denen die Rohbohnen im 2-3 Minutentakt geröstet werden. Nach dem Röstvorgang wandern die duftenden nun braun gewordenen Bohnen handverlesen zum Mischen, neben dem Rösten wohl dem kreativsten Prozess der Kaffeegewinnung. Image und Erfolg eines Kaffeeanbieters hängen davon ab, wie er die Aromen der einzelnen Sorten zusammenzubringen weiß, damit sie Nase und Gaumen des Genießers erfreuen. Auch dabei hat es Winfried Bischof zur wahren Meisterschaft gebracht. Die renommierte Fachzeitschrift „Der Feinschmecker" reihte gleich drei edle Kaffeemischungen aus dem Mohrbacher-Sortiment unter die 10 weltbesten. Neben qualitätsbewussten Privatkunden beliefert die Kaffeerösterei europaweit Hotels, Gaststätten und Cafés, Kantinen und Krankenhäuser.

Inzwischen sorgt in der dritten Generation Tochter Katja Bischof dafür, dass die Kaffeekultur im Traditionshaus mit dem hervorragenden Ruf erhalten bleibt. Auch sie hat das „richtige Händchen" und den Kaffeeverstand – einige Kreationen aus dem über 35 Sorten umfassenden Angebot tragen bereits ihre persönliche Handschrift. Der nostalgische kleine Verkaufsraum ist Felicitas Bischofs Reich. Tag für Tag bedient sie freundlich und zuvorkommend die zahlreiche Kundschaft, berät und sorgt dafür, dass jeder aus der schier unendlichen Geschmacksvielfalt das für sich ideale Kaffeearoma findet. Im tropisch anmutenden Innenhof, in dem im Sommer tatsächlich Kaffeebäume ihre leuchtendroten Früchte tragen, hält Winfried Bischof Kaffeeseminare ab. Dabei erfährt man, welch eine Unmenge Arbeit in jedem Pfund der aromatischen Bohnen steckt und dass zur Kaffeekultur und zum optimalen Genuss auch die Kunst der richtigen und individuellen Zubereitung gehört.
Mohrbacher Kaffee – der Geheimtipp für Kaffeekultur.

WILHELMI'S BROTKORB

Das Mehl ist es, das dem Brot seinen Charakter verleiht. Je nach Getreideart, nach dem Mischungsverhältnis der einzelnen Mehlsorten, der weiteren Zutaten und nach der Art des Backverfahrens entsteht ein anderes Brot. Damit verdanken wir es der Handwerkskunst und dem Fingerspitzengefühl des Bäckers, dass der tägliche Genuss nicht alltäglich wird. Ihm obliegt es, unterschiedliche Mehlsorten und Zutaten phantasievoll einzusetzen und immer wieder neue Brotspezialitäten zu kreieren. Monika und Walter Wilhelmi haben den Umgang mit dem Backwerk in all seiner Vielfalt zu ihrem Lebensinhalt und zu ihrer ganz persönlichen "Ährensache" gemacht. Bereits beide Eltern verdienten ihre "Brötchen" in der Backstube, auch für ihre Kinder war ein Leben ohne Backen undenkbar. 1972 machten sie sich mit einer kleinen Bäckerei selbständig, elf Jahre später zogen sie an ihren jetzigen Standort.

Dann begann eine rasante Aufwärtsentwicklung, die sich Wilhelmis selbst in ihren kühnsten Träumen nicht vorzustellen gewagt hatten. Die Backstube wurde 1989 erweitert, eine Filiale nach der anderen eröffnet – in Schifferstadt, in Speyer, in Haßloch und selbst im Badischen in Hockenheim und Altlußheim. Die Bäckerei

Brot ist eines der ältesten Nahrungsmittel der Welt. Seit vorgeschichtlicher Zeit sind die Grundzutaten die gleichen geblieben: Mehl, Wasser und Salz, dazu als Lockerungs- und Treibmittel Hefe oder Sauerteig. Deutschland ist als Brotparadies bekannt. Es hält den Weltrekord in der Qualität und mit rund hundert Brotsorten und über 1200 Kleingebäck-Varianten auch in der Quantität.

Wilhelmi's Brotkorb GmbH

Im Lettenhorst 29
67105 Schifferstadt
Monika Wilhelmi
Telefon   0 62 35 / 92 63 - 33
Telefax   0 62 35 / 92 63 - 59
E-Mail   wilhelmis-brotkorb@t-online.de

entwickelte sich in weniger als drei Jahrzehnten zu einem mittelständischen handwerklichen Unternehmen mit 17 Filialen und insgesamt 150 Mitarbeitern. „Rollende Bäckerläden" bringen die frischen Backwaren auf die Wochenmärkte rings um Schifferstadt.

„Wir von Wilhelmi" wurde der Wahlspruch des Unternehmens. Das Wir-Gefühl verbindet die Mitarbeiter und trägt zum Erfolg bei. Im hauseigenen Seminarraum werden die Mitarbeiter geschult, denn nur mit überdurchschnittlicher Qualität und einem freundlichen und individuellen Service

lassen sich Stammkunden festhalten und neue Kunden gewinnen.

Täglich steht Walter Wilhelmi selbst in der Backstube. Unter seiner ruhigen und gelassenen Führung rühren, kneten, formen und werkeln mehr als zwei Dutzend „gute Geister", weitere kümmern sich um Ausfahrt und Versand. Mit Charme, Dynamik und Power dirigiert Monika Wilhelmi in der Verwaltung, im Verkauf und in der Logistik, ohne jemals den Überblick zu verlieren. Vier Kinder hat sie neben der Unternehmensführung großgezogen.

Noch immer wird bei Wilhelmi das Backen als Handwerk gepflegt, ist trotz des Einsatzes modernster Technik fundiertes handwerkliches Können gefragt. Nur das Beste darf die Bäckerei verlassen – was bedeutet, dass die gesamte Produktion vom Einkauf der Rohstoffe bis zum Verkauf auf Qualität und Frische ausgelegt ist. In Schifferstadt wird täglich mehrmals gebacken, von hier aus werden die Filialen viermal am Tag beliefert, so dass die Kunden sicher sein können, auch noch am Nachmittag ihr Brot, ihre Brötchen, ihr Laugengebäck oder ihre süßen Teilchen fast noch warm und duftend erstehen zu können. Mehrmals täglich werden die im Freien stehenden Holzbacköfen angeheizt. Nach alter Tradition wird darin das natursaure kräftige Brot gebacken, außen mit herzhafter Kruste und innen locker. Wohlgefüllt ist Wilhelmi's Brotkorb mit über zwei Dutzend Brotsorten, mit einer ebenso großen Brötchenvielfalt und Kaffeestückchen von der Apfeltasche bis zum Zwetschgenplunder, mit Kuchen und Torten. Saisonale Backwaren wie nach alten Rezepten gebackene Plätzchen, Lebkuchen und Stollen zur Advents- und Weihnachtszeit, ergänzen das Angebot. Ständige DLG-Prämierungen und die Auszeichnung im „Feinschmecker" unterstreichen die hohe Qualität der Backwaren.

Für Kunden, die ihre Brötchen einmal nicht ofenwarm und duftend besorgen können, bietet Wilhelmi's Brotkorb als kulinarische „Frische-Reserve" halbgebackenes Parisienne und in der warmen Jahreszeit köstliches Olivenbrot. Beides lässt sich bei Bedarf bequem zu Hause fertig backen und schmeckt wie frisch vom Bäcker.

FREIE NEUMÜHLE

Vertreter Deutschlands an der Junioren-Kochweltmeisterschaft in Johannisburg in Südafrika teil und schloss die Prüfung zum Küchenmeister in Heidelberg mit der Traumnote Eins ab. Stationen in der Schweiz und im Elsass prägten seinen Stil. Für jede Herausforderung war er gerüstet, als er 1995 die Freie Neumühle übernahm. Bewusst hat er sich im eigenen Betrieb für die bürgerliche Küche entschieden, die er auf hohem Niveau präsentiert. Geschickt kombiniert er Klassisches und Bewährtes mit neuen Ideen; perfekt gelingt ihm die Verbindung des Ländlichen mit dem Anspruchsvollen. Mit individuell und stets

Restaurant Freie Neumühle

Ketteler Straße 17-19
67373 Dudenhofen
Angelika und Markus Gegg
Telefon   0 62 32 / 65 25 - 0
Telefax   0 62 32 / 65 25 - 25
E-Mail   freie-neumuehle@t-online.de
www.freie-neumuehle.de

Ruhetag: Dienstag

Man schrieb das Jahr 1840, als ein Johann Metzger bei Dudenhofen eine Mühle erbaute. Über 120 Jahre drehte der Woogbach das Mühlrad, dann wurde der Mahlbetrieb eingestellt. Der neue Besitzer ließ den historischen Gebäudekomplex denkmalgerecht restaurieren und schuf dabei in fast zehnjährigen Um- und Ausbauarbeiten ein bauliches Kleinod, das seinesgleichen sucht.

Aus dem ehemaligen Mühlengebäude entstand ein Restaurant; geschickt wurde altes Mühleninterieur in die Innenarchitektur integriert. Auf drei Ebenen sitzt der Gast in kleinen Nischen und gemütlichen Ecken zwischen Technik-Denkmälern unserer Zeit. Die besondere Atmosphäre macht die Freie Neumühle vor den Toren Speyers zu einem Ausflugsziel für Liebhaber alter Mühlen-romantik und zu einer guten Adresse für alle, die das Besondere lieben. Fürs stilvolle Genießen und Erleben sorgt mit Herzlichkeit und Können das junge Gastgeberehepaar Markus und Angelika Gegg.

Markus Gegg hat in Sternehäusern ge-arbeitet, war 1987 Jugendmeister der Köche Baden-Württembergs, nahm 1988 als

frisch zubereiteten Gerichten wird er auch verwöhnten Gaumen gerecht. Die hochwertigen Zutaten bezieht er, wann immer es möglich ist, aus der nächsten Umgebung, die monatlich wechselnde Karte trägt dem saisonalen Marktangebot Rechnung – mit Spargelvariationen im Frühjahr, mit Wild und einer größeren Fischauswahl im Winter. Neben der Speisekarte mit den feinen Gerichten gibt es auch kalte und warme Vesperspezialitäten, über die sich vor allem Gäste und Ausflügler freuen, die im Sommer so zahlreich zum Schmausen zum romantischen Freisitz im Mühlenhof kommen, wo auch Kinder unbesorgt umhertollen können. Doch ganz gleich, wofür man sich entscheidet, für eines der exquisiten Desserts sollte man noch Platz lassen.

Inzwischen bekam das hochmotivierte Team der Freien Neumühle Verstärkung durch

Karl Kamb. Der junge Küchenchef aus Schifferstadt überzeugt durch seine solide Kochkunst und lässt Markus Gegg die Zeit, sich mehr seiner Familie zu widmen. Ehefrau Angelika ist ebenfalls vom Fach. In ihrer Heimatgemeinde im badischen Oberkirch lernten sie sich während ihrer Ausbildung kennen. Sie betreut den Service und die mit einheimischen Gewächsen gut sortierte Weinkarte, wenn es ihre Pflichten als Mutter von munteren Zwillingen zulassen.

Während der Freiluftsaison bleibt das obere Stockwerk der Mühle geschlossen und der geschützte Innenhof wird zur Sommerterrasse. Mancher hat schon, wenn er unter den alten Bäumen am rauschenden Woogbach Platz genommen hat, in der idyllischen Umgebung Zeit und Alltag vergessen.

Mohn-Mousse in Fruchtsoße

Zutaten:

350 g weiße Kuvertüre
4 Eigelb
2 Eiweiß
2 cl Weinbrand
2 Blatt Gelatine
450 g Sahne
60 g Blaumohn
50 ml Milch
Früchte zum Garnieren, Fruchtsoßen

Zubereitung:

Eigelb mit 1 cl Weinbrand schaumig rühren. Gelatine in kaltem Wasser einweichen, ausdrücken, mit dem restlichen Weinbrand erwärmen und zu den Eigelben geben. Blaumohn mit der Milch aufkochen und durch ein Sieb abgießen. Die Kuvertüre schmelzen. Eigelbmasse mit dem Blaumohn, der Kuvertüre und dem geschlagenen Eiweiß vermengen. Danach die geschlagene Sahne unterheben. Mindestens 5-6 Stunden kalt stellen. Mit einem Löffel Nocken abstechen und mit Früchten und Fruchtsoßen garnieren.

VERZEICHNIS DER REZEPTE

Die Rezepte sind,
wenn nicht anders angegeben,
für vier Personen berechnet.

KULINARISCHE EMPFEHLUNGEN

IMPRESSUM

Die Deutsche Bibliothek – CIP-Einheitsaufnahme
Eine kulinarische Entdeckungsreise durch die Pfalz
Gertrud Löbell; Eberhard Löbell; Achim Käflein
(Hrsg. Katharina Többen). – Frankfurt/Main: Umschau/Braus, 2001
ISBN: 3-8295-6409-0

© 2001 Umschau Braus GmbH,
Frankfurt am Main

Gestaltung, Satz und Scans
INFOLIO Digital, Badenweiler

Karte
Elsner & Schichor, Karlsruhe

Fotos
Gastronomie/Betriebe
Achim Käflein, Freiburg
Sascha Loss, Köln
und eigene
Redaktioneller Teil
Achim Käflein, Freiburg
Sascha Loss, Köln
Gertrud und Eberhard Löbell, Ihringen

Texte
Gertrud und Eberhard Löbell, Ihringen

Herausgeberin
Katharina Többen, Neckargemünd

Druck und Verarbeitung
Konkordia GmbH, Bühl
Das Medienunternehmen

Printed in Germany

ISBN: 3-8295-6409-0

v.l.n.r.: Achim Käflein, Gertrud und Eberhard Löbell